한동일의 공부법 수업

인생의 성취를 이루고자 하는
이들을 위한 특별한 수업

De

한동일의
공부법 수업

Ratione

Studii

흐름출판

Desidero euis desiderium fieri.

데지데로 에유스 데지데리움 피에리.

그대의 바람이 이루어지길 바라며

공부하는 태도에 대하여

Qui se ipsum norit(noverit), aliquid se habere sentiet divinum.

퀴 세 입숨 노리트(노베리트), 알리퀴트 세 하베레 센티에트 디비눔.

스스로를 아는 사람이라면 자신이 신성한 무엇을 간직하고 있음을 느끼리라.

1. 공부는 나만의 악보를 찾아 완성하는 과정입니다.

신이 존재한다면 모든 사람에게 각자가 연주할 악보를 하나씩 주었을 겁니다. 우리는 살아가면서 어떤 배움을 통해 각자에게 주어진 악보를 연주하고 있는 것이죠. 지금 하는 공부가 힘들고, 나 자신이 잘하고 있는지 의심스럽다면 내가 어떤 신성함을 갖고 있는지, 또 나만이 연주할 수 있는 악보는 무엇인지를 다시 생각해야 합니다. 삶이란 결과가 아닌 과정에 붙은 이름입니다. 공부는 그 과정을 함께 해나가는 우리 삶의 동료이자 친구이자 스승이라는 걸 기억하세요. 자신이 어떤 공부를, 어떻게 해나가느냐에 따라 결과가 달라질 거라는 것도요.

2. 내면의 목소리에 귀를 기울이세요.

공부라는 건 단순히 머리로 하는 노동에 그치는 것이 아니라 몸과 마음을 함께 다스리는 '마음 수련'의 과정과 같습니다. 밑바닥을 흔들고 다시 바닥을 다지는 것이 바로 공부인 것이죠.

자기 응시와 자기 성찰이 필요합니다. 내 안의 목소리에 귀를 기울이지 않은 채 공부에 매달린다면 어떤 결정적인 순간에 다시 '나는 무엇을 하고 싶은가'라는 근본적인 질문으로 돌아가게 될 것입니다.

3. 나만을 위한 공부에서 벗어나세요.

아무리 공부를 많이 하더라도 나 홀로 공부한 그 자체만으로는 자아 발견, 자아성장 이외에 더 큰 의미를 부여하기 어렵습니다. 때문에 그 다음 단계, 즉 자신의 공부로 이룬 성취를 이 사회를 위해 활용하고 펼칠 수 있는 기회가 주어지는 단계가 있어야 합니다. 이 단계를 지나야만 비로소 힘들고 어려운 공부가 개인의 성장을 넘어서는 보람과 기쁨으로 이어지게 됩니다.
공부해서 남 줄 수 있는 사람이 되었으면 합니다.

4. 겸손해지세요.

겸손한 사람이 공부를 잘한다는 사실을 알고 있나요? 좌절하지 않는 태도는 겸손함에서 나옵니다. '맞아. 솔직히 난 아직 부족해. 더 실력을 쌓아야 해.' 이런 태도 말입니다.
겸손함은 자기 자신을 정확히 알고 인정하는 태도입니다. 자신이 할 수 있는 것과 할 수 없는 걸 아는 것이죠. 실패를 통해 내가 다시 할 수 있는 것이 무엇인지 생각해야 하기 때문에 잠시 실망하고 좌절감을 맛볼 수는 있지만, 겸손함을 갖춘 사람은 거기에서 멈추지 않습니다. 자신이 가진 다른 가능성을 생각하고 나아가는 겸손함이야말로 공부하는 노동자의 가장 훌륭한 자세입니다.

5. 몸을 가두기.

매일 습관으로 쌓인 공부가 나의 미래가 됩니다. 머리로 공부하려 하지 말고 내 몸이 공부할 수 있게 이끌어야 합니다. 같은 시간에 책상에 앉고 자기가 만든 계획표대로 차근차근 '몸이 그것을 기억할 수 있을 때까지' 하도록 해보세요. 벼락치기, 이른바 머리로 공부해서 성과를 내는 건 오래가지 못합니다. 중요한 건 몸으로 공부해야 한다는 겁니다.

습관을 만들기 위해서는 나의 생활 패턴과 성향을 잘 분석해야 합니다. 처음부터 실현 가능성이 낮은 계획을 세우고 그로 인해 스트레스를 받는 건 피하세요. 자신이 언제 더 집중이 잘 되고 안 되는지를 잘 파악하는 게 중요합니다. 이를테면, 몰입을 방해하는 요인이 시간인지, 공간인지, 습관인지를 세심하게 살펴야 한다는 거죠.

6. 그냥 하세요.

김연아 선수에게 운동 전 스트레칭을 할 때 무슨 생각을 하냐고 묻자 "생각은 무슨 생각을 해요? 그냥 하는 거죠"라고 대답했다고 합니다. 발레리나 강수진 씨는 "보잘것없어 보이는 하루하루를 반복해 대단한 하루를 만들어낸 사람이라는 칭찬이 가장 좋다"고 말했죠. 하기 어려운 과제일수록, 많은 노력과 시간이 드는 복잡한 공부일수록, 계산하지 말고, 상상하지 말고, 그냥 하세요! 그냥 하다 보면, 어느새 되어 있을 것입니다.

7. 몸을 풀어주기.

공부는 체력을 앗아가고 에너지를 소진시킵니다.

쉬어야 합니다.

여기에서 쉰다는 것은 집중하느라 긴장하고 뜨거워진 머리를 식히라는 것입니다. 신체활동을 통한 회복을 꾀하는 쉼 말이죠. 걷거나 달리는 것, 운동을 통해야 하는 건데, 어떤 운동을 할지는 스스로가 선택할 사항이지만, 저는 산책, 걷기를 권합니다.

미국의 작가 스티븐 킹에게 산책은 중요한 일과였습니다. 무라카미 하루키는 매일 마라톤을 하는 걸로 유명하죠. 정말 제대로 공부를 하려고 한다면 책상에서 일어나서 걷는 시간이 꼭 필요합니다. 몸이 움직일 때 우리 뇌는 또 다른 식으로 움직이기 때문입니다.

8. 삶의 행복을 잊지 마세요.

공부의 어려움과 지난함 속에도, 매일 그날이 그날 같은 규칙적인 하루의 루틴 속에도 짧고 소소한 일상의 평화나 즐거움은 찾아옵니다. 그런 것들을 절대 지나치지 마세요. 그 순간이 비록 찰나에 그치더라도 그것이 행복이고 인생이라는 사실을 충분히 느끼세요. 그리고 그 순간을 통해 다시 공부할 힘을 얻으시길 바랍니다. 당신은 당신이 생각한 모습보다 훨씬 훌륭한 사람입니다. 지금 나의 모습이 삶의 전부라 생각하지 마세요.

글을 시작하며

숨 쉬는 동안 나는 공부한다

몇 해 전, 로마에 가기 전날 아침까지 온몸이 아팠습니다. 통증은 계속되는데 원인을 알 수 없었습니다. 마음 한쪽에선 로마에 가기 싫은 생각이 요동쳤습니다. 저는 장시간 비행기를 타면 몸이 뒤틀리는 듯한 고통이 밀려오곤 하는데, 미리 준비한 비상약을 먹고 수없이 괜찮다고 마음을 진정시키며 무사히 로마에 도착했습니다.

몇 년 만에 다시 찾은 로마는 제게 새로운 감정을 불러일으켰습니다. 그렇게 싫어했고 또 힘들어했던 도시가 마치 고향처럼 친근하게 다가왔습니다. 제가 그곳에서 알고 지낸 사람들은 대부분 더는 없었지만, 변함없는 거리가 정겹고 친근하고 따뜻하게 다가왔지요. 로마 시내에서 자주 다닌 길은 기숙사에서 학교로 가는 길이었습니다. 그 길에는 스페인 광장, 트레비 분수, 나보나 광장 같은 관광객들이 좋아하는 명소가 여럿 있습니다. 유학 당시에는 이런 명소들을 일상적으로 지나다 보니 별 감흥

이 없었지요. 그런데 이번에는 그 명소들이 제게 말을 걸어오는 것 같았습니다. 그때 어쩐지 이 여정은 힘겨웠던 로마 유학 생활 10년에 대한 치유와 화해의 시간이 될 것 같은 예감이 들었습니다.

저는 유학 시절 머물렀던 마로니타 기숙사Collegio Maronita를 다시 찾았습니다. 비아 포르타 디 핀치아나Via Porta di Pinciana에 있는데, 동방 가톨릭교회 소속으로 안티오키아 전례를 하는 레바논과 시리아 지역의 성직자들이 주로 머무는 곳입니다. 기숙사 수위 아주머니의 안내를 받아 저는 10년 만에 제가 머물던 방 앞에 섰습니다. 그 순간, 좁고, 어둡고, 방음이 안 돼 옆방의 소음이 생생하게 들리는 그 방에서 그토록 힘들어했고 제가 싫어했던 스스로와 저는 조우했습니다. 그때의 방황과 떨림, 두려움이 스쳐 지나갔지요.

2004년의 어느 날이 떠올랐습니다. 박사학위를 받은 직후 심장 경련으로 쓰러져 학교 인근 병원에 실려 간 날이었습니다. 그날 제가 쓰러진 건 본래부터 심장이 약해서이기도 했지만, 한국에서 저와 관련해 좋지 않은 결정이 내려진 것에 크게 상심했기 때문입니다. 지금 생각해보면 그렇게까지 반응하지 않아도 됐는데, 그때는 모든 게 심각하게 다가왔습니다. '지금 알고 있는 걸 그때 알았더라면'이라는 생각도 들었으나 사람이기 때문에 다 그런 시간을 거치는 게 아닐까 합니다.

生生이란 거저 얻고 거저 지나가는 건 없나 봅니다. 어쩌면 삶이란 내가 원하지 않고 내 의지와 무관하게 물려받은 것들을 원만하게 해결해나가는 과정이 아닐까 싶은데요. 그 과정에서 저는 어느 한순간이라도 허투루 살지 않고 쉬운 선택을 하지 않았더라면 좋았을 거란 생각을 다시금 했습니다. 하지만 나지막이 저 자신에게 말해주고 싶었습니다. "그래도 너는 포기하지 않았고, 이렇게 멋지게 살아 있으며 또한 살아가려고 한다."

생각이 여기에 이르자 연이어 10대 소년 한동일의 모습이 보이기 시작했습니다. 저는 열 살 때 가출을 시도했고 중학교 때는 삶을 정리하려 했습니다. 지독한 고통과 절망감 사이에서 괴로워하며 어디로 가야 할지 몰라 방황했습니다. 자신의 길을 잘 헤쳐 나가는 친구들에 비해 그렇지 못한 제 자신의 무능함이 한심했고 화가 났습니다.

바로 그즈음 한 권의 책을 만났습니다. 그 책 속에는 좋은 문장이 많았습니다. 힘겨운 삶을 살아가던 저를 위로해주고, 다시 삶을 살아갈 용기를 주기도 했습니다. 그래서 마음에 오랜 여운을 남긴 문장은 따로 적어서 독서실 책상 앞에 붙여 놓고 어떻게든 마음을 다잡으려 했습니다.

이 책을 쓰기로 결심한 건 바로 그때의 기억 때문입니다. 그 시절의 제 모습을 떠올리자 지금 방황하는 10대 청소년들, 각종 시험을 준비하는 20대 대학생들, 한 분야를 깊이 공부하는 사람들이 생각났습니다. 제가 방황하던 시절에 좋은 문장에서 위로를 받고 다시 힘을 낼 용기를 얻었던 것처럼, 제 경험을 담은 이 책에서 그들이 힘을 얻기를 바라는 마음이 생겼습니다.

어찌 보면 오늘날의 학생과 청년들이 녹록지 않은 현실을 타개하는 데 이것은 너무나 소극적이고 한가한 방법일지도 모릅니다. 현실을 외면한다는 비판이 나올 수 있다는 생각도 합니다. 하지만 이 책에는 모든 학생이 공부에 매달려야 하는 비정상적인 현실을 가슴 아프게 여기고 그런 현실이 개선돼야 한다는 인식도 함께 담겨 있습니다. 입시와 취업, 자격증 준비로 인해 많은 사람들의 몸과 마음이 멍들어가고 있다는 사실도 잘 알고 있습니다. 그것은 모를 수도 없고 외면하기도 어렵습니다.

하지만 우리 사회에서 입시와 관련된 교육을 바꾸는 건 학교, 학생, 학부모, 학원, 기관까지, 너무나 다양한 계층의 이해관계가 얽혀 있어서 빠르게 개선되기란 쉽지 않습니다. 어떤 문제에 대해 '무엇 때문에', '누구 때문에'라고 탓하며 지내기엔 그 바깥 원인이 해결되기까지 시간이 너무 오래 걸리고, 나의 소중한 시간은 자꾸 아깝게 흘러가 버립니다. 늘 문제의식을 가지고 사회를 바라보되, 언제나 그 안에서 내가 할 수 있는 일을 먼저 하자는 것이 제 생각입니다. 그렇게 나를 일으켜 세우고 내적 성장을 통해 단단해져 가는 것이지요.

이 책을 쓰는 중에 '코로나'라는 상상하지 못한 일이 일어나 많은 사람이 비접촉 시대를 살고 있습니다. 긍정적인 면을 본다면, 이런 환경은 자기만의 공부와 성찰의 시간을 만들 좋은 기회일 수 있습니다. 어떤 공부여도 좋습니다. 억지로 하는 공부가 아니라 마음 깊은 곳에서 스스로를 격려하며 앎의 기쁨을 깨달아가는 진짜 공부이면 되지 않을까요? 저는 지금 제가 할 수 있는 일이 제 공부의 경험을 나누는 것이라 생각했습니다. 성공의 이야기보다 공부하면서 겪을 수 있는 그 모든 불안과 암담함, 좌절과 실패에 대한 이야기들을요. 많은 분이 제가 어떻게 공부했는지 질문한 것에 대해 어느 정도 답변이 될 수 있을 거라고도 생각했지요.

그런데 그 일은 생각만큼 쉽지 않았습니다. 우선 저를 가장 고달프게 묶어놓았던 《키르페 라틴어 한국어 사전》의 집필을 마쳐야 했습니다. 1,450쪽 이상이고 집필 기간만 해도 10년이 넘게 걸린 방대한 작업이었지요. 이 작업을 마쳐야 제가 쓰고자 하는 책을 쓸 수 있겠다 싶었습니다. 사전 작업을 마치고 나서야 비로소 마음의 여유가 생겼고 생각의 전환을 경험하게 됐습니다. 학술서에만 매달려왔던 제게 대중서를 집필할 기회가 찾아왔고 부족하지만 제 작은 경험과 생각을 나누고자 하는 마음을 실행에 옮길 수 있었습니다.

이 책에는 이미 많은 독자와 만난 졸저 《그래도 꿈꿀 권리》와 《라틴어 수업》에서 언급한 이야기도 더러 있습니다. 오랜 시간 공부만 해온 사람의 책에 녹아 있는 경험이라는 게 결국 공부 이야기라는 한계에 부딪혀 전작들에 소개된 내용을 일부 가져올 수밖에 없었다는 점을 너그러이 이해해주시기 바랍니다. 이 책을 쓰기로 마음먹은 후 기억을 더듬어가는 과정에서 소중한 새로운 이야기들을 발견하기도 했습니다.

저는 좋은 목적을 가지고 공부하는 분들이 많아질수록 우리 사회가 더 좋은 방향으로 발전한다고 믿습니다. 이런 분들이 사회적 통증을 줄여줄 거라 생각하는데, 저는 그분들의 마음에 그와 같은 원의原意를 심어드리고 싶습니다.

여러분이 맞닥뜨린 어둠은 진짜 어둠이 아닙니다. 불안하고 초조하다면 잘해나가고 있다는 증거입니다. 현실이 가져다준 통증으로 인해 자주 아프고 힘들어도, 배움과 깨달음의 희열이 마음 깊은 곳에서 우러나와 그 아픔을 이길 힘이 되길 바랍니다. 그리고 다시 그 배움을 가치 있게 또 다른 사람들과 나누는 분들이 되면 좋겠습니다.

이 책은 2020년 EBS BOOKS에서 출판한《한동일의 공부법》의 재개정판입니다. 흐름출판에서 이 책을 내는 이유는 제가 그동안 집필해 온 '수업류' 시리즈를 한 출판사에서 내고자 하는 마음에서였습니다. 새롭게 작업을 하면서 저는 이 책의 원고를 처음부터 찬찬히 읽어보았습니다. 그리고 저는 이 책의 첫 번째 독자가 저 자신임을 다시 깨닫게 되었습니다.

2021년 공식적으로 순수한 자유의지로 사제직을 내려놓은 뒤, 저의 일상이 외적으로는 바뀐 게 거의 없었지만 내적으로는 크게 요동쳤습니다. 마치 절벽의 가파른 암벽을 오르내리며 사는 아이벡스 같은 존재가 어느 날 평지에 내려와 살고 있는 느낌이라고나 할까요? 책에서 한 권고와 제안은 지금의 제게 하는 조언들이 되었던 겁니다. 제가 들려드리는 이야기가 여러분의 마음에 의미 있는 흔적으로 남을 수 있다면 저자로서 더할 수 없이 행복할 것 같습니다. 바라건대, 이 책을 읽고 자기 결심과 위안을 넘어 목표한 바를 세상에 펼쳐 보이고, 다시 누군가에게 길이 되고 힘이 되고 위안이 되는 존재가 되길 바랍니다.

Quæ volumus et credimus libenter, et quæ sentimus ipsi, reliquos sentire speramus.

쾌 볼루무스 에트 크레디무스 리벤테르, 에트 쾌 센티무스 입시, 렐리쿼스 센티레 스페라무스.

우리가 간절히 원하고 믿는 바, 우리 스스로 느끼는 바를 다른 사람들도 느끼기 바랍니다.

차례

1장

터널의 끝은 있습니다

어느 날 한 제자로부터 문자메시지가 왔습니다.

"선생님, 이 지독하게 어둡고 힘든 터널의 끝은 있을까요?"

짧은 이 한 문장을 읽고 저는 한참 생각에 잠겼습니다. 로마에서 학위와 변호사 자격증을 준비하던 때가 생각났습니다. 제게 미래가 전혀 보이지 않던 시절입니다. 그즈음 고속버스나 기차를 타고 가다가 터널을 지날 때면 숨을 꾹 참고 있다가 빠져나가면 크게 내쉬곤 했습니다. 힘들고 고통스럽지만 그럼에도 '지금 이 시간을 나는 어떻게든 버티고 있다'는 생각에서 은연중에 나온 행동인 것 같습니다. 제자의 이 질문에 저는 가슴이 답답해 쉽사리 답할 수가 없었습니다. 어떻게 한두 마디로 대답할 수 있을까요? 답을 빨리 할 수 없었던 이유는 사실 터널은 하나가 아니기 때문입니다.

젊은이들이 시대를 맞는 역설이 여기에 있습니다. 저는 우리의 삶이 그 터널의 모습과 매우 닮았다는 생각을 합니다. 요즘의 젊은이들이 인생의 길에서 조우하는 터널은 과거와는 달리 많고 또 길어졌죠. 제가 했던 것처럼 터널을 지나면서 숨을 참는다면 아마도 큰일이 날 겁니다. 실제적인 상황에 차이는 있지만 심적으로는 저나 요즘의 젊은이들 모두가 한 마음일 거라고 생각합니다. 지금의 젊은이들 역시 예전의 저처럼 불안하고 답답하고 힘겨운 시간을 보내고 있을 테니까요.

제가 20대였을 때는 공부만 놓고 봐도 벼락치기가 가능했습니다. 학기 중에는 친구들과 몰려다니며 놀다가도 시험이 닥친 며칠 전부터 바짝 책을 좀 보면 성적이 그럭저럭 나왔습니다. 물론 모두가 그랬을 거라는 건 아닙니다만, 벼락치기가 효과가 있는 시절이었던 것만은 분명합니다. 다르게 말하면, 그 당시의 학생들에게는 숨을 쉴 수 있는 여유가 그래도 있었습니다.

"야~ 먹고 대학생이구나"라는 말을 들어본 적이 있으신가요? 예전 어른들이 보기엔 대학을 가면 고등학교 때처럼 열심히 공부하지도 않고, 공부 좀 하는구나 싶으면 금방 또 방학을 해서 놀기만 하는 것 같았는지, 그렇게 말씀하시곤 했죠.

그런데 요즘은 그렇게 공부하면 제대로 살아가기가 어려운 세상이 됐습니다. 한 학기 내내 열심히 공부하지 않으면 성적을 올리기도, 유지하기도 어렵습니다. 고등학생들은 시험뿐만 아니

"이 지독하게 어둡고 힘든 터널의 끝은 있을까요?"

라 수행평가, 봉사활동, 교내활동 등 생활기록부에 기재될 활동 내용에 신경을 써야 하기 때문에 더더욱 여유가 없습니다. 대학생들도 일찍부터 취업을 걱정하면서 1학년 때부터 치열하게 학점 관리를 해야 합니다. 고등학생처럼 사는 대학생들이 많다 보니, 한숨을 돌리려는 수단으로 휴학을 고려하기도 합니다. 과거보다 휴학을 하는 학생들이 많아진 이유일 겁니다.

공부의 비결

2010년, 저는 로마에서의 10여 년에 가까운 유학 생활을 마치고 한국으로 돌아왔습니다. 공부를 마쳤지만 미래에 대해 확실하게 보장된 것이 없었기에 이후 강사 생활을 했습니다. 수강생들 앞에 서면 늘 희망을 이야기했지만 정작 저는 고통의 시간을 보내고 있었습니다. 10여 년 동안 《교회법률 용어사전》《카르페 라틴어 한국어 사전》 같은 사전 편찬 작업을 하면서 건강에 심각한 문제가 생겼기 때문입니다. 밤 11시쯤 진통제로 통증을 달래며 '아무도 알아주지 않는 이 지난한 작업을 나는 왜 하고 있는 걸까'라고 반문하곤 했습니다. 출판과 관련해서도 많은 우여곡절이 있었기 때문에 고통스럽고 우울한 시간이었습니다.

그런데 이 우울과 아픔을 치유해주는 사건이 바로 한 대학에 개설된 '라틴어 수업' 강의였습니다. 누가 라틴어 수업을 들을까 싶었지만, 놀랍게도 첫 강의 때 무려 24명이나 신청을 했습니다. 처음에는 라틴어 문법 외에 다른 이야기를 하는 것이 주저되어 로마의 역사나 라틴어에 연관된 유럽 문화를 조금씩 들려주는 정도로 수업을 진행했습니다. 그런데 한 학생이 기말고사 시험 답안지 끝에 이런 메모를 남기면서 생각이 달라졌습니다.

"선생님, 라틴어 문법도 좋았지만, 로마의 역사나 유럽의 문화를 이야기해주시는 부분이 이 조그만 학교 울타리를 벗어나게 해주었습니다."

자신감을 얻은 저는 이후 라틴어 문법 외의 이야기 비중을 높여 수업을 하게 되었습니다. 이처럼 제 수업을 듣는 학생들이 제게 깨달음을 준 점도 고마웠지만, 이야기를 하고 나면 그들이 마치 제 고통을 알아주고 덜어주기라도 한 것처럼 큰 위로를 받았습니다. 사람들은 가르치는 사람과 배우는 사람을 확실하게 구별하곤 합니다. 하지만 제가 포기하려는 순간 다시 일어날 수 있는 용기와 자신감을 주었으니, 그들은 제게 학생이자 친구이자 스승이었습니다. 저는 그 시간을 보내며 어느 순간 긴 터널을 한번 빠져나왔다고 느꼈습니다. 저도 깨닫지 못하는 사이에 말이죠.

2017년 출간한 《라틴어 수업》이 베스트셀러가 되면서 저는 이전까지 경험해 보지 못한 일들을 접하게 됐습니다. 그중 한 가지가 독자들이 남긴 서평과 댓글들이었습니다. 사실 《라틴어 수업》이 출간되기 전까지는 제가 쓴 책들 중에 1천 권 이상 팔린 것이 거의 없었습니다. 10년 넘게 붙잡고 많은 어려움 속에 펴낸 《교회법률 용어사전》만 해도 2018년 한 해 동안 고작 일곱 권이 팔렸습니다. 그러니까 그전까지만 해도 저는 독자나 출판사 모두가 좋아할 책을 낸 적이 없는 작가였던 겁니다.

그랬던 제가 어느 날부터 작가로 스포트라이트를 받게 되었는데, 그게 참 신기했습니다. 오랜 세월 혼자서 책을 보거나 사전과 씨름을 하며 보냈기 때문에 '세상에서 나는 혼자'라고 생각해왔습니다. 그런데 독자들이 쓴 마음 따뜻한 글들은 갇혀 있는 나를 밖으로 불러냈습니다. 큰 위안과 감동도 함께 말이죠. 독자들은 제 책을 통해 위로와 용기를 얻었다고 했지만 오히려 그건 제가 그분들께 하고 싶은 말이었습니다.

독자들의 리뷰를 찬찬히 읽다 보니 "공부가 하고 싶어졌다"거나 "책에 언급된 구절이 나오는 책을 읽어봐야겠다"는 내용이 많이 보였습니다. 예상하지 못했던 반응이라 놀라웠습니다. 책 출간 이후 출판과 강연, 방송 요청이 제법 들어왔는데 대부분 '공부'에 관한 것이었습니다. 특히 출판사들은 '공부하는 법'에 관한 책을 내자고 제안해왔죠. 그러나 저는 대중서보다는 학문의 기초가 되는 책을 쓰고 싶었기 때문에 모두 정중히 고사했습니다.

또 다른 이유가 있었는데, 다소 이해하기 힘드실 수도 있습니다. 저는 역사적으로 중요한 사건이나 유명한 사람들이 했던 말은 잘 기억하는 편이지만 이상하게 제 과거는 잘 기억하지 못

합니다. 그래서 과거에 있었던 이야기를 해달라고 하면 난감할 때가 많습니다. 너무 오래된 일이라 잘 생각이 나지 않아서이기도 했지만, 많은 부분은 떠올리고 싶지 않은 일들이라 의도적으로 생각을 안 하다 보니 언젠가부터는 정말 기억이 나지 않았습니다.

살아가다보면 우리는 우연한 기회에 자기 삶을 돌아보게 되곤 합니다. 저의 경우 앞에서 제게 메모를 남겼던 학생이 만들어 주었습니다. 또한 강연회나 인터뷰에서 유독 공부와 관련된 질문을 많이 받았던 것도 지난 제 삶을 돌아보는 계기가 되었습니다. 신학, 철학, 법학, 교회법, 유럽사 같은 제가 공부했던 내용이나 하는 일에 대한 질문보다 "당신의 공부 비법이 뭐냐", "공부가 당신의 길이었냐", "공부로 도망갈 수밖에 없었던 이유가 뭐냐", "공부하고 있는 사람들에게 해줄 수 있는 조언이 무엇이냐"와 같은 질문을 많이 받았습니다. 사람들이 제게 궁금해 했던 건 바로 그것이었죠.

처음엔 제게 왜 이런 질문을 하는지 잘 이해가 되지 않았습니다. 그런데 생각해보니 제가 30여 년 동안 학생 신분으로 살아왔다는 생각이 들었습니다. 초중고교를 졸업하고 신학교와 대학원에서 10년, 2001년 로마로 유학을 가서 10년을 더 공부했습니다. 3년 정도의 석박사 과정을 마친 후, 2004년 바티칸 대법원인 '로타 로마나Rota Romana' 사법연수원에 입학해 2010년 바티칸 대법원 변호사가 되기까지 줄곧 공부만 해왔습니다.

변호사가 되는 일은 어느 나라나 어렵겠지만, 라틴어로 모든 법리 다툼을 해야 하는 바티칸 대법원의 변호사가 되는 건 정말이지 쉽지 않습니다. 저는 동아시아 최초이자 한국인 최초의 바티칸 대법원 변호사입니다. 유럽 사람들도 쓰지 않는 라틴어로 법학을 공부해야 했는데, 그러려면 먼저 언어의 한계를 극복해야 했고, 그다음에는 법학과 심리학의 난관을 넘어야만 비로소 변호사 자격시험에 응시할 자격이 주어집니다. 이 과정을 모두 거치고 변호사 자격증을 받은 이력이 일반적이지는 않기 때문에 그에 대한 공부법이 궁금할 수도 있겠다는 생각이 들었습니다.

그렇더라도 풀리지 않는 의문이 있었습니다. 사람들은 왜 이런 이야기를 원할까? 공부에 대한 책은 이미 수없이 나와 있습니다. 그리고 저는 어떤 사람이 한 분야에서 의미 있는 성취를 이루었다고 해도 그 공부법을 일반화하는 건 어렵지 않을까 생각했습니다. 과연 그것을 공부의 어떤 '법칙', '왕도' 또는 '남다른 노하우'라는 것으로 정리할 수 있을까요? 공부의 속성상 '끝'이라는 단어를 쓸 수도 없고, 어느 분야 혹은 다른 누구하고도 비교를 할 수 있는 게 아닌데 말이죠.

이 모든 의문에도 불구하고 제가 공부에 관한 이야기를 하겠다고 결심한 데는 어린 시절부터 시험을 잘 보기 위한 기술을 익히는 공부만 하느라 압박과 스트레스에 시달리면서도 그 부담에서 벗어나기 어려운 대한민국 학생들의 환경 때문입니다.

원하는 대학에 들어가는 건 말 그대로 하늘의 별 따기처럼 어렵습니다. 대학에 입학해도 공부 스트레스는 여전하며 졸업 후에도 공부는 놓지 못합니다. 이런 환경에 놓인 수많은 학생들을 위해 무능한 백면서생의 생각을 조금이나마 나누고 싶었기 때문입니다.

저도 오랫동안 어두운 터널을 지나왔던 터라 그 시간을 그냥 까맣게 지우고 싶을 때가 많지만, 그럼에도 학생 시절을 다시 떠올려보기로 했습니다. 그때의 경험을 떠올리지 않으면 지금 학생들, 공부하는 사람들의 어려움에 공감하지 못하고 상처만 줄 수 있기 때문입니다. 이미 경험했다는 이유로 "젊어서 하는 고생은 사서도 한다"라고 쉽게 말해서는 안 되는 것이죠.

모든 터널에는 끝이 있다

"목수는 목수의 일을 함으로써 목수가 된다Faber fabricando fit faber, 파베르 파브리칸토 피트 파베르"는 말처럼 유학할 때 저는 '공부하는 노동자'로 저를 규정하고 살았습니다. 근사한 말처럼 들릴 수도 있겠지만, 많은 분들은 지루하고 답답한 호칭이라 생각하실 겁니다. 맞습니다. 하지만 지금도 가끔 이 말로 저를 소개하곤 합니다. 공부하는 노동자는 그 과정을 인정받을 수 없기 때문에 다른 어떤 직업보다도 힘이 듭니다.

고시생, 공시생, 의대생, 배우, 기자, 아나운서 지망생, 스포츠 선수 모두 마찬가지입니다. 법학전문대학원에 들어가도 다시 변호사 시험에 합격해서 변호사 자격증을 따야 하고, 대학을 졸업해도 공무원 시험 준비를 해서 합격해야 하고 발령을 받아야 합니다. 의대에 합격해도 어려운 의학 공부를 다 마치고 의사 자격 시험에 통과해 면허를 취득해야 합니다. 문화, 예술, 체육 분야도 마찬가지입니다. 배우 지망생도 오랜 시간 연기 수업을 받고 무수히 많은 오디션을 봐도 결국 합격을 해야만 배역을 따낼 수 있습니다. 아무리 무대 위엔 '작은 역할'이 없다지만 결국에는 주역을 따내고 싶은 바람이 있을 텐데 쉽지 않은 일입니다. 스포츠 선수도 엄청난 시간을 훈련하고 기술을 연마해도 결국 수많은 대회의 출전권을 획득해야 하고 대회에 나가서는 의미 있는 성적을 내야 합니다.

이 모든 과정을 '공부'라는 큰 범주로 묶는다면, 아무리 공부를 많이 해도 나 홀로 공부한 그 자체만으로는 자아 발견, 자아 성장 이외에 더 큰 의미를 부여하기 어렵습니다. 때문에 그 다음 단계, 즉 자신의 공부로 이룬 성취를 이 사회를 위해 활용하고 펼칠 수 있는 기회가 주어지는 단계가 있어야 합니다. 이 단계를 지나야만 비로소 힘들고 어려운 공부가 개인의 성장을 넘어서는 보람과 기쁨으로 이어지게 됩니다.

그러나 많은 분야에서 이런 일은 잘 일어나지 않습니다. '세상에서 가장 오르기 힘든 산은 지금 내가 오르고 있는 산이다'

라는 말이 있듯이, 사람은 누구나 자기만의 산을 갖고 있습니다. 저 역시 여전히 공부하는 노동자로 살아가고 있습니다. 오르지 못한 수많은 산이 있고, 터널을 지나는 중이며, 눈앞의 터널을 빠져나간다 해도 언제 또 다른 터널을 만날지 모릅니다.

산을 앞에 두고 한숨을 쉬며 '저길 어떻게 오르지?' 걱정만 하는 사람이나, 캄캄한 터널 안에서 '나는 제대로 가고 있는 것인가?' 자문만 하는 사람들에게 제 이야기가 어떤 의미로 다가갈지 속단할 수는 없습니다. 그저 공부를 하며 긴 세월을 보낸 사람의 자기 고백이라고 해두면 어떨까요? 제 개인적으로는 이 시간이 치유의 시간이 되길 기대하고, 공부하는 분들에게는 함께 생각해볼 것이 한 가지라도 남으면 좋겠습니다.

저는 긴 침묵 끝에 제자에게 이렇게 답을 보낼 수 있었습니다.

모든 터널에 끝은 있습니다.
다만 끝까지 간 사람에 한해.

"바로 거기에 끝이 있습니다. 우리는 그 끝을 위해서 달리고 있고, 그 끝을 향해 달리고 있습니다. 그 끝에 다다를 때 우리는 비로소 편히 쉬게 될 것입니다."

마지막 문장은 아우구스티누스의 《요한 서간 강해In Epistolam Joannis Ad Parthos Tractatus Decem》 10강 중 다섯째 강해에 나오는 말입니다. 이 《요한 서간 강해》는 가장 아름다운 교부 문헌 중 하나로 손꼽히는데, 북아프리카 히포 교구의 주교였던 아우구스티누스가 406년 혹은 407년경 부활 축제 때 신자들에게 한 성경 풀이 특강입니다. 가장 아름다운 교부 문헌 중 하나로 꼽힙니다만, 무언가 확실하고 명쾌한 것을 기대했을 신자들에게는 원론적이며 답답한 대답이었을 겁니다. 제 답변도 마찬가지였음을 저도 알고 있습니다.

하지만 조금 더 생각해보세요. 인생의 많은 문제들 중 확실하고 명쾌하게 답할 수 있는 게 얼마나 될까요? 속이 불편할 때 사이다라도 마시면 당장은 시원하고 상쾌한 기분이 들지만, 그 기분이 소화불량을 근본적으로 해결해주지 않는다는 걸 우리는 잘 알고 있습니다.

언젠가 "나는 모든 완성의 끝을 보았노라 Omnis consummationis vidi finem, 옴니스 콘숨마티오니스 비디 피넴"[1]라고 말하기 위해서 우리는 그 끝을 위해서 달리고 있고, 그 끝을 향하여 달리고 있습니다. 그리고 그 끝에 다다를 때 우리는 비로소 편히 쉬게 될 것입니다. 다시 아우구스티누스의 말을 빌리고 싶습니다.

> Noli hærere in via, et non pervenire ad finem. Ad quidquid aliud veneris, transi usque quo pervenias ad finem.
>
> 놀리 해레레 인 비아, 에트 논 페르베니레 아드 피넴. 아드 퀴드퀴드 알리우드 베네리스, 트란시 우스퀘 쿼 페르베니아스 아드 피넴.

S. AURELII AUGUSTINI

HIPPONENSIS EPISCOPI

IN EPISTOLAM

JOANNIS AD PARTHOS

TRACTATUS DECEM [a].

Prologus.

Meminit Sanctitas vestra Evangelium secundum Joannem ex ordine lectionum nos solere tractare: sed quia nunc interposita est solemnitas sanctorum dierum, quibus certas ex Evangelio lectiones oportet in Ecclesia recitari, quae ita sunt annuae, ut aliae esse non possint (b); ordo ille quem susceperamus, necessitate paululum intermissus est, non amissus. Cum autem cogitarem quid secundum hilaritatem praesentium dierum per hanc hebdomadam vobiscum de Scripturis agerem, quantum Dominus donare dignatur, quod posset in istis septem vel octo diebus finiri, occurrit mihi Epistola beati Joannis: ut cujus Evangelium paululum intermisimus, ejus Epistolam tractando ab eo non recedamus; praesertim quia in ipsa Epistola satis dulci omnibus quibus sanum est palatum cordis, ubi sapiat panis Dei, et satis memorabili in sancta Ecclesia Dei, maxime Charitas commendatur. Locutus est multa, et prope omnia de Charitate. Qui habet in se unde audiat, necesse est gaudeat ad quod audit. Sic enim illi erit lectio ista, tanquam oleum in flamma; si est ibi quod nutriatur, nutritur, et crescit, et permanet. Item quibusdam sic esse debet, tanquam flamma ad fomitem; ut si non ardebat, accedente sermone accendatur. In quibusdam enim nutritur quod est, in quibusdam accenditur si deest; ut omnes in una charitate gaudeamus. Ubi autem charitas, ibi pax; et ubi humilitas, ibi charitas. Jam ipsum audiamus; et ad ejus verba, quae Dominus suggerit, etiam vobis ut bene intelligatis, loquamur.

TRACTATUS I.

De eo quod Joannes scribit, Quod erat ab initio, quod audivimus, et quod vidimus, *etc.*, *usque ad id*, Quoniam tenebrae excaecaverunt oculos ejus. *Cap.* I, *et cap.* II, ℣. 1-11.

1. *Quod erat ab initio, quod audivimus, et quod vidimus oculis nostris, et manus nostrae tractaverunt de Verbo vitae.* Quis est qui manibus tractat Verbum, nisi quia *Verbum caro factum est, et habitavit in nobis?* Hoc autem Verbum quod caro factum est, ut manibus tractaretur, coepit esse caro ex virgine Maria: sed non tunc coepit Verbum, quia *quod erat ab initio* dixit. Videte si non attestatur Epistola sua Evangelio suo, ubi modo audistis, *In principio erat Verbum, et Verbum erat apud Deum* (*Joan.* I, 14, 1). Forte de Verbo vitae sic quisque accipiat quasi locutionem quamdam de Christo, non ipsum corpus Christi quod manibus tractatum est. Videte quid sequatur: *Et ipsa vita manifestata est.* Christus ergo Verbum vitae. Et unde manifestata est? Erat enim ab initio; sed non erat manifestata hominibus: manifestata autem erat Angelis videntibus, et tanquam panem suum cibantibus. Sed quid ait Scriptura? *Panem Angelorum manducavit*

[illegible]

[illegible]

Comparavimus praeterea eas omnes editiones initio Retr. et Confess. t. 1, *memoratas*. M.

(a) Scripsit circiter Christi annum 416.

(b) Id semper etiam in Sermone 232, n. 1, et 239, n. 1, de Tempore, [illegible]

[illegible]

아우구스티누스의 《요한 서간 강해》.

길에 머물러 있지 마세요. 목표에 다다르지 못할 겁니다. 그대가 다른 어느 곳에 도착하더라도, 목표에 도달하기까지 그냥 지나치세요.

2장

밑바닥을
흔드는 공부

"사랑하는 사람에게는 호의만으로도 충분하다Sola benevolentia sufficit amanti, 솔라 베네볼렌티아 수피치트 아만티"라는 말이 있습니다.[2] 그렇다면 사랑하지 않는 사람에게는 어떻게 다가가야 할까요? 황현산 선생님은 "이 유례없는 경쟁 사회에서 우리는 조금씩 지쳐가고 있습니다. 그렇더라도 마음이 무거워져야 할 때 그 무거운 마음을 나누어 짊어지는 것도 우리의 의무"[3]라고 말했습니다. 저도 어떻게 해서든 공부하는 사람들이 가진 마음의 부담과 어려움에 공감하며 그 무게를 조금이라도 나누고 싶습니다.

저처럼 오랫동안 공부를 한 사람에게 기대하는 건 공부하는 기술인 경우가 많습니다. "어떻게 공부했습니까?", "공부를 잘할 수 있는 방법은 무엇입니까?"와 같은 질문을 많이 받았는데,

이에 대해서는 어떤 대학자도 명쾌하게 대답할 수는 없을 겁니다. 하나의 공부에는 100가지 기술이 있을 수 있기 때문입니다. 그 공부를 누가 하느냐에 따라서 공부 기술이 다 다를 수 있다는 의미이기도 합니다.

군사 용어라고 알려진 '전략'은 그리스어로 'στρατηγία스트라테지아'라고 하는데 '장군의 전쟁술'이라는 뜻의 'στρατηγός스트라테고스'에서 유래했습니다.

이 말이 군사적인 의미로 쓰이기 시작한 건 전쟁의 규모나 수준이 오늘날처럼 크고 복잡하지 않은 18세기 말부터였습니다. 점점 국가도 사회도 복잡해지면서 전략은 전쟁 수행이든, 반대의 개념인 평화 유지든 그 어떤 것을 목적으로 할 때, 가지고 있는 자원을 활용하는 방법과 이에 관련한 광범위한 정책 전부를 가리키는 말이 됐습니다. 전쟁의 목적은 무엇이며 공격 대상은 어디이며 지휘체계는 어떻게 짤 것인지, 병력을 어디로 이동시킬 것인지 등 모든 것이 전략입니다.

반면 '전술'은 전장에서 벌이는 전투 그 자체를 의미합니다. 오늘날 전쟁은 시간이나 공간의 제한 없이 일어날 수 있기 때문에 이 두 개념이 잘 구분되지 않습니다. 전술은 대개 원하는 것을 얻기 위한 기술적인 방법을 말합니다. 많은 사람들이 저에게 공부법의 전술적인 측면을 궁금해하는 것 같았고, 그 때문에 질문자를 만족시킬 수 있는 대답을 할 수 없었습니다.

저는 이런 질문을 받으면 "쉬운 선택을 하지 않았다"는 하나의 문장으로 대답을 갈음하곤 했습니다. 이 대답은 굳이 구분하자면 다분히 전략적인 성격을 가진 답변입니다. 이제는 '공부 방법'이나 '공부 기술'보다는 전략에 해당하는 '목표 설정'이나 '가치 추구'를 생각하는 공부에 대한 이야기가 더 많이 나와야 한다고 생각합니다. 지금부터 그 이야기를 하고자 합니다.

독서의 이정표

우울한 인생을 살고 싶어 하는 사람은 아무도 없습니다.

여러분은 지금 어떻습니까?

공부를 해야 하는 것을 알지만 마음처럼 잘 안 되어서 힘들고, 공부를 하고는 있지만 도대체 언제까지 해야 끝이 날지 알 수 없어서 불안하고 초조하지는 않은가요? 사실 이 질문에 대한 답은 우리 모두가 알고 있습니다. 단지 그 사실을 정면으로 마주하는 걸 두려워하고 있을 뿐입니다. 많은 공부를 하고 그 공부를 바탕으로 '다음 단계'로 넘어가 어떤 매듭을 짓기까지 긴 시간 공부를 하려면 전략이 필요합니다.

그중에서도 가장 중요한 건 '어떻게 어제보다 더 나은 나로 만들 것인가'입니다. 오직 결과만으로 인정받는 이 '직업'에서 스스로를 위로하고 격려하는 자세는 선택이 아니라 힘겨운 과정을 버텨내기 위한 필수 요소입니다. 이런 사실을 모르는 사람은 아무도 없습니다. 그런데 우리는 자신을 끊임없이 속이기만 할 뿐 정작 실천에 옮기지는 않습니다. 스스로가 해낼 수 있도록 용기를 북돋아주고 믿음을 주어야 합니다. 때문에 공부라는 것은 단순히 머리로 하는 노동에 그치는 것이 아니라 몸과 마음을 함께 다스리는 '마음 수련'의 과정과 같다고 생각합니다. 밑바닥을 흔들고 다시 바닥을 다지는 것이 바로 공부인 것이죠.

저는 제 밑바닥을 흔든 최초의 공부를 기억하고 있습니다. 중고등학생 시절, 열심히 노력했는데도 성적이 좋지 않아 실망한 나머지 무기력하게 지냈습니다. 공부에 대한 구체적인 목표도 없었고, 그저 가난한 집에서 벗어나고 싶은 마음뿐이었습니다. 제 현실에 대해서는 일찌감치 뼈아프게 느끼고 있었기 때문에 하고 싶은 일이 있다고 해도 그걸 제대로 할 수 있을지 자신하지 못했습니다. 이런 생각은 늘 저를 초조하고 조급하게 만들었고 때로는 두렵게도 했습니다. 술, 담배, 어른들이 말하는 소위 일탈이라는 걸 하면 마음이 좀 편해질까 생각했던 적도 있습니다. 가난한 가정에서 자란 저 같은 사람의 삶을 궁극적으로 바꿀 수 있는 게 무엇일까 고민했었지만 할 수 있는 건 없었습니다. 그저 공부뿐이었죠. 당시에는 마음처럼 잘 되지 않았지만 말입니다.

그러다 어느 날, 친구 집에서 생각지도 못한 세상을 만났습니다. 대학생이었던 친구의 형 방에는 제가 한 번도 본 적이 없는 책들로 가득했습니다. 주로 법학, 철학, 사회과학 책들이었습니다. 그중 사회과학 서적에 담긴 낯선 용어와 사상들이 저를 매료시켰습니다. 세상에는 이런 생각을 바탕으로 논쟁하는 사람들이 있고, 그들이 세상에 어떤 영향을 미친다는 걸 알게 되었습니다. 뒤통수를 세게 얻어맞은 기분이었습니다. 이 책 저 책 마구 읽어 내려갔는데, 도저히 책을 손에서 놓을 수가 없었습니다.

"왜 부지런하게 일하는데도 나의 어머니는 늘 가난한가?"

항상 품고 있던 이런 질문에 대한 답을 그 속에서 어렴풋이 찾은 듯했습니다. 가난이 부모님의 탓만은 아니라는 것도요. 부지런한 어머니가 새벽부터 일해도 더 가난하게 살 수밖에 없는 이유는 불합리한 사회 구조적 문제 때문이라는 걸 저는 알게 되었습니다. 제 머리는 새로운 지적 자극에 완전히 무장 해제되었습니다. 종일 친구 형 방에 쭈그리고 앉아 책을 읽기도 하고 빌려와서 집에서 읽기도 했습니다. 그 책들은 당시 제 암담한 현실을 어느 정도 잊게 만드는 마취제나 진통제와 같았습니다. 그땐 노력해도 좀처럼 좋은 결과가 나오지 않는 학교 공부보다 어려운 책을 한 권, 한 권 독파하는 게 훨씬 더 성취감이 컸습니다. 대부분 교과서에서 다루지 않는 내용이었고, 다 이해하지는 못하더라도 그 안에 담긴 새로운 관점과 해석이 저를 계속 끌어당겼죠.

사춘기에 사회과학 서적을 탐독한 경험은 이후 삶의 이면을 관찰하는 눈을 갖게 해줬고 한층 더 공부에 매진하게 만든 기폭제가 되었습니다. 어제보다 더 나은 저로 만들 수 있는 길이 어렴풋이 보인 것 같았습니다. 그리고 동시에 한심하고 열등감으로 똘똘 뭉친 저와 조우할 때 버틸 수 있는 힘이 되어줬습니다. 이후 독서는 제 공부의 중요한 한 축이 되었습니다. 학교가 만든 시간표 외에 긴 공부의 역사와 늘 함께했던 독서의 이정표가 이때 처음 만들어진 겁니다.

독서는 인내심과 끈기를 기르는 데 큰 도움이 되었습니다. '무엇을 해야겠다', '어떤 일을 하는 사람이 되겠다', '어떤 직업을 가져야겠다' 하는 생각보다는 '이런 생각을 가지고 살아야겠다', '이렇게 살아가야겠다'와 같은 생각을 더 중요하게 여기게 됐습니다. 그 결과 직업이 무엇이 되었든 그 직업을 통해 내가 생각하는 좋은 가치를 실현하며 살 수 있기를 바라게 되었습니다. 학과 공부를 하고 난 후에는 반드시 책을 읽었습니다. 방학 때는 정독도서관에서 철학책과 역사책을 봤습니다. 글씨를 읽는 데 지치면 그림책을 읽었습니다. 그때를 한마디로 표현하면 이렇습니다.

Quid tam bonum est quam litteris studere.

퀴드 탐 보눔 에스트 콰 리테리스 스투데레.

공부하는 것보다 더 좋은 것이 무엇이냐?

예루살렘에 가면 예수가 울었다는 도미누스 플레비트Dominus Flevit 경당을 내려와 예루살렘 도성으로 올라가는 길에 있는 성

도미누스 플레비트 경당의 정경.

문의 좌우에 사자 부조가 새겨져 있는 '사자문'이 있습니다. 그리스도교 최초의 순교자 스테파노가 죽은 곳이라고 해서 스테파노 게이트Stefano gate라고도 부르는데, 예루살렘 구시가를 둘러싼 8개 성문 가운데 하나입니다. 이 문을 지나면 예수의 수난 과정을 묵상할 수 있는 '십자가의 길'이 나타나는데, 이 길이 시작되는 곳에는 이런 문장이 새겨져 있습니다.

> "O vos omnes qvi transitis per viam, attendite et videte si est dolor sicvt dolor mevs."
>
> "오 보스 옴네스 퀴 트란시티스 페르 비암, 아텐디테 에트 비데테 시 에스트 돌로르 시쿠트 돌로르 메우스."
>
> "오, 길을 지나는 모든 사람들이여, 나의 고통과 같이 아픔이 있다면, 그것을 보라."

이 문장 앞에서 저는 발길을 멈췄습니다. 거기에는 예수의 고통을 느끼며 자신의 고통과 아픔을 바라보라는 뜻이 담겨 있었습니다. 인류의 죄를 한 몸에 지고 스스로 용서를 위한 제물이 되어 참혹한 죽음을 맞이한 예수의 고통은 어디에도 비할 길이 없을 겁니다. 그런 고통을 묵상하며 자신의 아픔을 들여다본다면 지금까지와는 다른 의미를 찾을 수 있지 않을까 합니다.

'십자가의 길' 초입에 새겨진 문구.

내면의 목소리에 귀 기울이기

라틴어를 보면 철자 하나도 그냥 만들어지지 않았습니다. 주변 다른 언어의 영향을 받으며 유구한 시간을 거쳐서 오늘날의 모습이 되었죠. 지금 우리가 아파하고 힘들어하는 문제에도 역사가 있습니다. 이유 없이 만들어지는 문제는 없죠. 그 역사를 살펴야 하지만 제대로 보기란 쉽지 않습니다. 용기가 필요한 일이기 때문입니다.

우리에겐 저마다의 아픔과 고통이 있습니다. 남들은 도저히 알 수 없는 자기만의 아픔이 있습니다. 저 역시 예외는 아닙니다. 결코 들춰내고 싶지 않은 문제, 피하고 싶은 일이 있죠. 하지만 언제까지고 피할 수는 없습니다. 그때가 언제든 직면해야 하는 순간은 찾아옵니다. 이때 가장 먼저 해야 할 건 자기 응시와 자기 성찰입니다. 내 아픔의 근원이 무엇인지, 그것은 내가 극복할 수 있는 대상인지를 알아야 합니다. 나는 어떨 때 상처받고 무엇으로 극복하는지, 원하는 것이 무엇인지, 잘하는 것이 무엇인지, 어떤 사람이 될지, 마음속 아지랑이를 봐야 하는 것입니다. 진짜 내 모습을 볼 수 있어야 타인이 그려놓은 내 모습에 좌절하거나 상처받지 않을 수 있습니다. 내 집 앞 담장에 그들이 그려 넣은 것들은 내가 아니기 때문입니다.

내 안의 목소리에 귀를 기울이지 않은 채 공부에 매달린다면 어떤 결정적인 순간에 다시 '나는 무엇을 하고 싶은가'라는 근본적인 질문으로 돌아가게 될 것입니다. 이것이 바로 이 질문에 대한 답이 완벽하지 않을지라도, 도중에 조금씩 달라지더라도 질문에 대한 답을 분명히 해야 하는 이유입니다. 하루를 마감하는 깊은 밤, 마음을 위로하는 라디오 진행자가 된 기분으로 호주 가수 마크 빈센트가 부른 〈룩 인사이드Look inside〉라는 노래를 소개하고자 합니다. 이 노래에는 답을 찾는 사람에 대한 이야기가 담겨 있습니다.

I'm afraid That I've used all I have 내가 가진 모든 것을 써버릴까 봐 두려워요.

That I'll never gain back 결코 다시 얻을 수 없을까 봐 두려워요.

Home so far away Like a child I'm lost 집에서 멀어진 아이처럼 길을 잃었어요.

Don't know how to go on 어떻게 하면 좋을지 모르겠어요.

We pray but we may never know 우린 기도하지만 결코 알 수 없어요.

I hear an answer in my soul 내 영혼 속에서 대답을 들어요.

Don't look behind you 뒤를 돌아보지 말아요.

It's not beside you 당신 옆에 있지 않아요.

It's not that far Right where you are 당신이 있는 곳에서 그리 멀리 있지도 않아요.

runs through your heart 당신의 마음을 통해서 달려요.

Look inside 내면을 들여다봐요.

Now the start is near 자, 시작이 가까이 있어요.

I will fight through sweat and tears 나는 땀과 눈물로 싸울 거예요.

저는 '당신이 있는 곳에서 그리 멀리 있지도 않아요'라는 가사에 크게 공감했습니다. 이 말을 믿고 고독하고 치열하게 자기 내면의 목소리에 귀를 기울이시기를 바랍니다.

Aut inveniam viam aut faciam.

아우트 인베니암 비암 아우트 파치암.

나는 길을 찾을 것이다. 없다면 만들 것이다.

3장

부모를 떠나세요

제가 좋아하는 라면집에 갔을 때의 일입니다. 당시 저는 교육방송의 강연 프로그램에 출연하고 있었는데 라면집 사장님은 그 강연을 시청하고 있다며 제가 강연을 참 잘한다고 말씀하셨습니다. 정작 저는 방송을 모니터링하지 않고 주변 분들을 통해 확인하고 있었는데, 사장님께서는 제가 30점 만점에 17점을 받아 시험에 떨어진 이야기가 가장 인상적이었다고 했습니다. 그때 저는 누군가에게는 가장 힘들었던 순간이 다른 누군가에게는 위로가 될 수도 있다는 걸 알았습니다. 어쩌면 그분은 아무 어려움 없이 살았을 것처럼 보이는 제가 실은 누구나 겪는 실패와 어려움을 겪어왔다는 사실에 공감하고 동질감을 느끼셨던 걸지도 모릅니다.

그런 맥락에서 저는 공부에 대한 얘기를 할 때 먼저 긴 터널과 같았던 어린 시절 이야기를 하지 않을 수 없습니다. 짠내 나는 구질구질한 이야기일지 모르지만, 공부를 일생의 업業으로 선택한 제 삶을 제대로 설명하려면 이 시기를 건너뛸 수는 없습니다.

저는 살아오면서 유복한 집안에서 별 어려움 없이 성장한 사람 같다는 말을 많이 들었습니다. 어떤 점이 그런 느낌을 주는지 잘 모르겠지만 생김새와는 별개로, '고생을 별로 하지 않고 자란 것처럼 구김이 없는 얼굴', 곧 좋은 인상이라는 긍정적인 의미로 받아들였습니다.

저는 초등학교 시절, 밤에 잠자리에 들면 베개가 축축해지도록 울곤 했습니다. 매일같이 빚쟁이들에게 시달렸고 부모님은 틈만 나면 싸우셨죠. 저희 집은 단칸방이어서 그 어디에도 숨을 곳이 없었습니다. 힘없는 아이를 가운데 두고 어른들이 휘두르는 폭력 속에서 두려움과 고통을 이기는 길은 현실을 부정하는 것뿐이었습니다.

'저 사람들이 내 부모가 아니라면 얼마나 좋을까?'

'차라리 알코올 중독자 아버지가 없었으면 좋겠어.'

이런 생각을 수없이 하며 귀를 막고 이불 속에서 울다가 초등학교 3학년 때는 너무 괴로워서 가출을 하기도 했습니다. 물론 한나절 만에 돌아왔지만 집에서 벗어나고 싶은 마음은 오래도록 저를 괴롭혔습니다. 가끔 방송에 부모의 보호를 받지 못하고 힘들게 하루하루를 살아가는 어린이들이 나오면, 과거의 제 모습을 보는 것 같아서 애련한 마음이 들기도 합니다.

경제적 독립

그 시절 저에게 어린이날은 그저 학교에 안 가는 날에 불과했습니다. 어느 해인가 혼자 어린이대공원에 놀러 간 적이 있습니다. 공원에는 당연하게도 부모님과 함께 온 아이들이 대부분이었죠. 집에서 준비해온 맛있는 음식을 펼쳐놓고 맛있게 먹는 아이들이 저는 몹시 부러웠습니다. 부러운 마음을 들키지 않으려고 멈춰서 바라보지도 않았고 흘끔거리지도 않고 혼자서 씩씩하게 뛰어 놀면서 저는 이런 생각을 했습니다.

'나한테 없는 것을 부러워하지 말자. 내가 할 수 있는 일을 하고 내가 갈 수 있는 길을 가자. 그것이 언제 이루어질지 알 수 없다 해도.'

이것이 그 무렵 제가 내린 결론이었습니다. 겨우 초등학생밖에 안 된 아이가 무슨 그런 생각을 다 했을까 싶을 수도 있지만, 빨리 철이 들어야 한다는 압박을 느끼며 살아야 했던 환경 때문이었을 겁니다. 저는 일찍부터 제가 할 수 있는 것과 할 수 없는 것, 제가 가질 수 있는 것과 가질 수 없는 것을 빠르게 구별할 수 있었습니다. 마음 편하게 제 또래 아이들처럼 살 수 없다는 게 너무 싫었지만, 어쩔 수 없는 일이었죠.

초등학교 5학년 때 청량리에서 신문 배달을 시작했습니다. 일은 그럭저럭 할 만했는데 문제는 수금이었습니다. 번번이 대금을 미루는 어른들 때문에 괴로웠던 기억이 납니다. 미안해하는 기색은커녕 오히려 속상해하는 저를 놀려대곤 했는데, 그럴 때면 자신들도 어렵게 살면서 왜 같은 처지의 아이의 어려움은 외면하는 건지 이해할 수 없었고 원망스럽기만 했습니다.

그들에게서는 인간에 대한 존중과 배려를 찾아볼 수 없었습니다. 어린 마음에 가난하게 살다 보면 나도 저렇게 되는 건가 싶어서 두려운 마음이 들었었죠. 얼마 못 가 신문 배달 일을 그만두었습니다.

중고등학교 때는 하루 한 끼를 제대로 먹기 힘든 날이 많았습니다. 그때 제 바람은 딱 두 가지였습니다. 아주 작아도 좋으니 내 공간이 있었으면 좋겠다는 것과 세 끼 식사를 제대로 할 수 있으면 좋겠다는 것. 저는 그 무렵, 독서실에서 밤늦게까지 공부하곤 했습니다만, 집이 아닌 독서실의 찬 바닥에서 군용 담요 한 장을 몸에 말고 잠을 자는 것이 더 편하게 느껴졌습니다.

이때부터 저는 앞으로 어떻게 살지를 고민하기 시작했습니다. '왜 내 부모님은 저럴까?', '부모님이 해준 게 뭐가 있어!' 하고 불평만 했습니다. 그게 가장 손쉬운 방법이었고, 제가 아무렇게나 살아도 되는 이유이기도 했습니다. 저는 사춘기 내내 부모님에게 나쁜 아들이었습니다.

하지만 불평을 한들 아무것도 달라지지 않습니다. 그 무렵 제 뇌리에 깊이 박힌 어떤 책의 문구가 있었습니다.

"부모님은 이 세상에 나를 낳아준 것만으로 모든 책임을 다한 것이다. 그 이후는 오로지 나의 몫이다."

부모님을 원망만 해오던 저는 뜨끔했습니다.

그날 이후 제 날 선 마음이 누그러지게 되었습니다. 학교 수업이 끝나고 집에 가면 부모님은 언제나 그렇듯 말다툼을 하고 있었는데, 그에 대한 제 반응은 달라졌습니다. 이전에는 '아, 또 싸우는구나! 정말 지긋지긋해!' 하고 탄식했다면, 이제는 '부모님의 문제'라고 선을 긋고 조금은 초연할 수 있었습니다. 일상에서 오는 스트레스마저 완전히 없어진 것은 아니었기에 어떤 면에서는 현실을 외면했다고도 할 수 있습니다. 하지만 왜 우리 부모님은 저럴까 하는 식의 탄식과 원망은 현저히 줄어들었습니다.

당사자 외에 공부나 시험, 진로를 가장 걱정하는 사람은 누굴까요? 아마도 부모님일 겁니다. 라틴어 명언에도 부모의 자식 사랑과 걱정이 담긴 속담이 유독 많은 걸 보면 이는 시대와 공간을 초월한 일인 듯합니다. 그 시대에도 대부분의 사람들은 이른바 '금수저'로 태어나지 않았기 때문에 요즘 흔히 말하는 '아빠 찬스'에 기댈 수 없는 사람들이 더 많았던 것 같습니다. '가난한 부모의 자식pauperum sanguis parentum, 파우페룸 산귀스 파렌툼'이나 '지위가 낮은 부모 밑에 태어난 사람humilibus parentibus natus, 후밀리부스 파렌티부스 나투스'에 관한 명언이 여럿 있는 걸 보면 말이죠.

Homines, si parentibus nati sunt humilibus, vel animo vel fortuna augere debent opes suas.

호미네스, 시 파렌티부스 나티 순트 후밀리부스, 벨 아니모 벨 포르투나 아우제레 데벤트 오페스 수아스.

사람이 만일 비천한 부모에게서 태어났다면, 정신력이나 행운으로 자기 재화를 늘려야 한다.

Mendico ne parentes quidem amici sunt.

멘디코 네 파렌테스 퀴뎀 아미치 순트.

거지에게는 부모조차 친구가 아니다.

우리는 부모의 지원이 있고 없음에 큰 의미를 두는 경향이 있습니다. 하지만 부모가 주는 부족함 없는 지원이 언제나 그 사람을 일으켜 세우는 힘이 되는 건 아닙니다. 엄청난 사랑과 관심, 경제적 지원을 아끼지 않는 부모의 든든한 지원이 자식에게 오히려 독이 되는 경우를 주변에서 간혹 볼 수 있습니다.

그런 분들께 저는 부모를 떠나라고 권하고 싶습니다. 심리적으로 그리고 경제적으로 부모에게서 독립하세요.

왜 공부를 해야 하는가? 왜 이런 고생을 감수해야 하는가?

어떤 목표를 완수하기 위한 과정에서는 결핍이 큰 동력이 됩니다. 저 역시 그런 동기 덕분에 성장했습니다. 경제적 독립까지 이룩해야 비로소 독립했다고 할 수 있지만, 현실적으로 그렇게 간단한 문제는 아닙니다.

이탈리아로 가서 본격적인 공부를 시작하기 전, 페루자에서 한창 이탈리어를 익힐 때 베로니카라는 스웨덴 학생을 알게 되었습니다. 외국어는 문화를 이해하고 현지 사람들과 사귀는 가운데 실력이 는다고 합니다. 맞는 말입니다. 그때 친구들과 어울려 난생처음 포켓볼도 쳐보고 페루자를 여기저기 함께 돌아보기도 했습니다.

함께 어울릴 때 드는 돈은 각자 지불했는데, 베로니카가 아직 10대 학생이었기 때문에 제가 대신 돈을 내주려고 할 때가 종종 있었습니다. 그런데 베로니카는 한사코 거절했습니다. 그것이 한국 문화라고 얘기하면서 마음의 부담을 덜어주면 그제야 웃으며 고맙다고 했습니다. 한번은 베로니카가 동생을 데리고 나와 제게 차를 대접하겠다고 했습니다. 헤어질 때 베로니카에게 고맙다고 했더니 그건 자기 아버지에게 해야 할 말이라고 말했습니다. 베로니카는 지금 자기가 쓰는 돈은 아버지의 돈이며, 나중에 직업을 갖게 되면 다 갚을 거라고 했죠.

어느 한 사람이 보인 행동을 일반화해서는 안 되겠지만, 우리가 서구인들에게서 배워야 할 점은 바로 이것이라고 생각합니다. 베로니카처럼 미성년일 때부터 그렇게 하진 못하더라도, 적어도 성인이 된 후에 부모님이 경제적으로 도움을 주면 '공짜' 혹은 '부모로서 당연한 것'으로 생각하지 않고 꼭 갚아드려야 할 부채로 인식해야 합니다. 부유한 가정에서 성장한 사람이라도 이런 태도는 삶의 갈망과 원의原意를 찾는 데 중요한 역할을 합니다.

심리적 독립

평범한 집 혹은 그보다 물질적으로 더 어려운 가정의 부모가 내 자식만큼은 부족하지 않게 키우겠다는 생각에 가족 구성원 전부의 희생을 담보로 될성부른 한 자녀에게 경제적 지원을 집중할 때가 있습니다. 과거 대가족의 장남에게 이런 일이 많았죠. 하지만 그런 모자람 없는 지원을 받고 자란 집안의 기대주인 장남이 제대로 일어서지 못해 가족들이 불화하고 더 깊은 빈곤의 나락으로 떨어지기도 합니다. '빈곤 속의 풍요' 역시 부유한 가정에서 부족함 없이 자란 사람이 누리는 풍요 못지않게 독이 됩니다.

Indulgentia parentum, filiorum pernicies.

인둘젠티아 파렌툼, 필리오룸 페르니치에스.

부모의 지나친 관심은 아이들에게 해악이다.

페루자의 오래된 마을과 움브리아 산 도메니코 성당.

Divellam liberos a parentum complexu.

디벨람 리베로스 아 파렌툼 콤플렉스.

자녀를 부모의 품에서 떼어놓아라.

두 번째 문장의 시점을 바꾸면 "부모에게서 나를 떼어놓으라"가 됩니다. 제가 심리적으로 부모님과 완전히 화해하고 건강하게 독립한 시기는 수도회 신학생이었을 때입니다. 1년간 외부와 단절된 채 지내는 수련생활 가운데, 한 달 동안 침묵을 지켜야 하는 '이냐시오 영신수련'이 부모님과의 관계를 온전히 회복하는 계기가 되었습니다. 침묵은 새로운 세상을 경험하게 해주고, 철저하게 자기 내면을 들여다보게 하는 힘을 갖고 있습니다. 처음엔 익숙하지 않아서 답답하고 나도 모르는 사이에 말을 해버리는 실수를 할 것 같다가도, 그 시간이 지나면 서서히 외부세계에 대한 관심이 줄어들면서 자신에게로 시선을 돌리게 됩니다.

저를 객관적으로 돌아보는 시간을 갖게 되자 비로소 '나는 부모님께 얼마나 키우기 힘든 자식이었을까?'라는 생각이 들었습니다. 당시 저는 까다롭고 차가운 성정에 초조하고 불안한 마음 때문에 늘 날이 서 있었습니다. 사춘기 때는 부모님께 독설도 서슴지 않았습니다. 제가 무슨 말을 해도 크게 꾸중하거나 나무라지 않고 그저 안타까워하고 미안해하기만 하는 그 모습이 짜증이 나서 또 화를 내기를 반복했던, 제 모습을 돌아보게 되었습니다. 저는 치열한 '내면 바라보기'를 통해 완전하게 부모님께 용서를 구하고 그분들과 화해를 했습니다.

자식이 부모를 선택할 수 없는 것처럼 부모도 완벽한 자식을 선택해서 낳을 수 없습니다. 부모님도 가난한 집안이나 부모를 원망하지 않는 착하고 성실한 자식을 원했다면 아마 저를 낳지 않았을 겁니다. 부모와 자식의 인연은 우리가 어찌할 수 없는 그야말로 '운명'입니다.

부모에게서 완전히 독립하여 자기 삶을 온전히 스스로 풀어갈 수 있어야 합니다. 미래를 생각하고 비참한 현실을 회피하지 않고, 자신이 선택한 삶을 위해 치열하게 살아가야 합니다. 부모의 능력과 선을 긋고 나면 공부든 일이든 하지 않으면 안 되는 '절실'하고 '절박'한 동기가 생깁니다.

일찍부터 아무것도 바랄 수 없는 부모님에게서 나를 떼어냄으로써 저는 늘 마음이 불안하고 초조했습니다. 하지만 그 '덕분에' 내 삶에 대한 책임감이 강했던 것도 사실입니다. 물론 저처럼 너무 어렸을 때부터 부모를 떠날 필요는 없습니다. 아이는 아이다워야 합니다. 어른이 해야 할 살림 걱정을 아이가 깊이 해서는 안 되고, 사랑을 듬뿍 받고 자라면서 어리광도 부리고, 그 안에서 권리와 의무, 존중과 배려를 배워야 합니다. 그러고 나서 청소년기를 지나면서부터 자연스럽게 부모에게서 독립하면 되는 것입니다.

고등학교에 입학해서는 전액 장학금과 숙식이 제공되는 육

군사관학교나 경찰대학교를 가야겠다고 생각했지만 불가피한 저만의 사정 때문에 포기했습니다. 사법고시를 준비할까도 생각했지만 거기에도 제 의지와 관계없는 어려움이 있었습니다. 어떤 차별도 받지 않고 돈 걱정 없이 안정적인 환경에서 공부를 계속할 수 있는 곳을 찾다가 신학교를 알게 되었습니다. 가톨릭계 고등학교를 다닌 까닭에 저는 제 진로를 선택하는 데 많은 고민을 하지 않았습니다.

그런데 이제와 돌이켜보면 그건 제 선택이 아니었다는 생각이 듭니다. 저는 그곳이 아니면 갈 데가 없다고 생각했지만, 실은 저를 세상 어딘가에 쓰기 위해 신께서 그리로 인도하셨다는 사실을 나중에 깨달았습니다. 스무 살에 부모님으로부터 물리적, 정신적, 경제적으로 완벽하게 독립한 후 20여 년 동안 공부를 했습니다. 공부하는 동안 신께서 도와주시지 않으면 이 일은 내 힘으로 할 수 없다고 간절히 기도하곤 했는데, 어느 순간 돌아보면 한 걸음 앞으로 나아가 있는 제 모습을 발견할 수 있었습니다.

고등학교를 졸업하고 부모님을 떠나던 날, 눈물로 배웅하는 어머니 옆에서 이북이 고향인 아버지가 하신 말씀은 딱 세 마디였습니다.

"정직하라우. 그리고 니 이상理想 앞에 포기하지 말라우. 떠나라."

Ames parentem, si æquus est: si aliter, feras.

아메스 파렌템, 시 애쿠우스 에스트: 시 알리테르, 페라스.

부모가 공정하면 그를 사랑하라. 그렇지 않더라도 참아라.

4장

겸손한 사람이 공부를 잘합니다

2001년 이탈리아 로마로 유학을 떠날 때 저는 서른이 다 된 나이였습니다. 집을 떠나 신학교와 대학원을 졸업하고 군 복무까지 마치고 나니 10년이 훌쩍 지나갔습니다. 신학생들은 대개 어려운 교회법 공부를 좋아하지 않지만 저는 기초 법학의 한 분야인 교회법학에 흥미를 느꼈습니다. 특히 교회법 입문이라고 할 수 있는 일반규범 수업을 좋아했습니다. 이를 눈여겨보신 담당 교수 신부님이 공부를 더 해보라고 권하셨습니다. 어떤 분야에 10년을 몸담으면 전문가가 된다는데, 당시 저는 공부를 그렇게 했으면서도 아무 성과가 없어 낙심하고 있었습니다. 하지만 신부님의 제안을 받고 다시 마음을 추슬러 사제서품을 받은 지 1년이 조금 지나 유학길에 올랐습니다.

다시 학생이 되었지만 다른 학생들과 출발선이 달랐기 때문에 신입생처럼 마음을 다잡아야 했습니다. 한국에서도 공부가 어려웠지만, 이탈리아에서는 언어와 법학이라는 이중의 어려움을 극복해나가야 했습니다. 아무리 신학교에서 라틴어, 그리스어, 히브리어 등을 조금씩 공부했다고 해도 실제로는 가나다를 뗀 수준에 불과했습니다.

저는 그때까지도 공부에서 별다른 두각을 나타내지 못했습니다. 들인 노력과 시간은 다른 사람들보다 못하다고 할 수 없었지만 의미 있는 결과를 내본 적이 없어 의기소침해 있었죠. 그런 제게 유학은 새로운 에너지가 되었습니다. '공부하는 노동자 operarius studens, 오페라리우스 스투덴스'로서의 정체성을 확고히 다지게 되었고, 이번에는 반드시 값진 결실을 보리라 결심했습니다.

현실적으로 직장인이나 노동자들은 아프다고 해서 쉽게 조퇴나 결근을 하지 않습니다. 기분이 좋지 않다고 쉬는 경우도 거의 없죠. 그래서 저 역시 공부하는 것이 어렵고 힘들어도, 그래서 하고 싶지 않아도, 때로 아파도 핑계를 대지 않고 공부하기로 결심했습니다.

학생이 아니라 '공부를 업業으로 삼은 노동자'가 되겠다고 다짐한 것은 공부에 대한 책무를 무겁게 받아들였기 때문입니다. 교회 공동체의 뒷받침으로 온 유학인데 시간과 비용을 함부로 낭비해선 안 된다고 생각했습니다. 그래서 최선을 다해 공부를 마치고 필요한 곳에 쓰이는 사람이 되고 싶었습니다.

로마

로마에 대한 첫인상은 '사람을 압도하는 도시'라는 것이었습니다. 로마로 가기 전에 페루자라는 곳에서 10개월 동안 언어를 공부했습니다만, 로마는 그곳과는 전혀 달랐습니다. 페루자는 평화롭고 느긋한, 해발 500미터에 가까운 고지대에 있기 때문에 주변을 내려다볼 수 있는 시원한 전망을 갖고 있었습니다. 제겐 많은 이들의 도움을 받아 감사한 마음으로 건너간 첫 이국땅으로 기억되는 곳입니다. 반면 로마는 어릴 때 〈벤허〉나 〈쿼바디스〉 같은 영화를 통해 접하긴 했지만, 물리적으로 압도되는 고색창연한 건물을 코앞에서 마주하자 저는 마치 현실이 아닌 다른 세계에 와 있는 듯한 느낌이 들었습니다.

제가 교회법 석박사 과정을 공부한 교황청립 라테란대학교의 역사와 전통은 또 다른 의미에서 압도적이었습니다. 라테란은 가톨릭 교회사에서 아주 중요한 의미가 있습니다. 지금은 바티칸에 있지만 본래 교황청은 천 년 동안 라테란에 있었습니다. 콘스탄티누스 대제가 313년 밀라노 칙령을 통해 그리스도교를 공인한 후 라테란 지역을 교황에게 기증하면서 교황청이 자리 잡게 된 것이죠.

로마에는 교황청이 설립한 대학이 20개가 있습니다. 우르바노대학교와 그레고리안대학교처럼 규모가 큰 종합대학도 있고, 수도회나 대학의 부속대학도 있습니다. 이들 대학의 이름 앞에

CLEMENS·XII·PONT·MAX·ANNO·V

로마 교구의 주교좌 성당인 성 요한 라테란 대성당.

는 '교황의pontificio'라는 말이 붙는데, 라테란대학은 그중에서도 교황청과 가장 긴밀한 대학입니다. 로마제국의 계승자를 자처하는 로마가톨릭교회의 산실이자 230년의 역사를 자랑하는 이 대학은 로마법과 보통법, 교회법, 법철학 등 기초 법학의 모태로 명성이 자자합니다. 세계에서 유일하게 교회법과 일반시민법을 동시에 다루는 양법학부로도 유명하지요. 특히 정평이 나 있는 것이 일반시민법학과 교회법학인데, 저는 이곳에서 기초 법학 중 교회법을 전공했습니다.

여기서 잠시 교회법이 왜 중요한지 간단하게 설명하겠습니다. 우리나라의 민사소송 절차는 로마법을 발전시킨 교회의 소송 절차법에서 유래한 것입니다. 재판관의 기피 문제, 변호사 수임료 문제와 관련한 제도는 이미 12~13세기에 완성된 것이죠. 교회법은 단순히 특정 종교의 내부 규율이 아니라 오늘의 우리와 직접적으로 관련이 있는 법률이기 때문에 중요한 것입니다. 우리나라의 법학은 일제강점기에 조선 시대부터 전해지며 통치의 기준이 되었던《경국대전》이 폐기된 후 일본에 의해 이식된 것입니다. 로마법이 교회 소송 절차법의 근간이 되고 그것이 독일로, 또다시 일본으로 건너갔다는 점을 생각하면 교회법에 관심을 가져야 하는 이유를 알 수 있습니다.

로마라는 거대한 도시에서 저는 큰 어려움 없이 학교생활을 시작했습니다. 페루자에서 10개월 동안 이탈리아어를 공부한 덕분에 언어에 대해서도 어느 정도 자신감이 있었죠. 처음 3개월은 '외국인을 위한 대학'에서 기초 이탈리아어를 공부했고 이후에는 우연히 인연이 닿은 선생님 세 분에게서 가르침을 받았습니다. 문법, 회화, 법학개론 책의 리딩을 도와준 각각의 선생님과 이탈리아어 실력이 늘 수 있도록 여러 사람들이 도움을 주었기 때문에 잘할 수 있을 거라고 믿고 있었습니다.

그러나 이 자신감은 강의실에 들어서는 순간 순식간에 산산조각이 났습니다. 법학 수업을 하나도 알아들을 수 없었던 겁니다. 법학개론까지 리딩하며 선행학습을 했던 저로서는 그 사실을 받아들이지 못했습니다. 하지만 10개월 동안의 언어 공부만으로는 수업을 따라가기에는 역부족이었습니다. 문장은커녕 용어조차 알아들을 수 없었기 때문에 수업을 이해하려면 앞으로 얼마나 공부해야 하고, 또 얼마만큼 시간이 걸릴지 감도 잡히지 않아 절망감에 휩싸였었죠. 기본 법률 용어조차 알아들을 수 없었을 때의 지독한 열패감은 제 자존감을 사정없이 무너뜨렸습니다. 강의실에 앉아 알아들을 수 없는 수업을 긴 시간 인내하는 것 자체가 매일매일 하나의 도전이었습니다. 그 시절은 제 열등함과 부족함, 한계를 온몸으로 느끼는 시간이었습니다.

법학 공부를 시작하면 저 같은 비전공자는 가장 먼저 법률 용어의 벽에 부딪히게 됩니다. 우리말로 익히는 것으로 끝나는 게 아니라 다시 모든 것을 이탈리아어로 이해하는 건 어마어마한 노력이 필요한 일이었습니다. 그때의 절망감을 어떻게 표현해야 할까요. 가톨릭 신부들은 보통 성경이나 철학 등 교회 관련

학문을 전공하는데, 저는 그때 처음 법학을 전공한 걸 후회했습니다.

그래서 생각한 것이 '일단 수업 시간에는 반드시 의자에 엉덩이를 붙이고 앉아 있자!'라는 것이었습니다. 참 신선하죠? 사실 이보다 더 신선한 생각은 있을 수 없었습니다. 선택의 여지가 없었으니까요. 대단한 묘수랄 게 없는 상황에서 그래도 어떻게든 긍정의 실오라기 하나를 잡아 올린 저를 격려하고 싶었습니다. 결과적으로 이 생각은 나락으로 떨어지는 저에게 조그만 날개를 달아주었습니다. '아! 이 공부를 계속해야 하나 말아야 하나? 할 수 있을까? 그만둘까? 미치겠네.' 이런 생각을 하지 않은 건 아니었지만, 분명하게 학업을 중단하기로 결정한 게 아닌 이상 계속 저를 괴롭히고만 있을 수는 없었습니다. 그래서 억지로라도 좋은 것만 생각하기로 했습니다. '지금은 그저 이 정도로 만족하자. 언젠가는 꼭 저 얘기를 알아듣고 말 거다.'

어느 날은 교수님들 외모나 목소리를 평가하면서 시간을 보내기도 했습니다.

'와, 저 교수님은 케이에프씨 가게 앞에 있는 그 할아버지를 똑 닮았네.'

나중에 주변 친구들도 로마법 교수님을 'K파파'라고 부르는 걸 알고는 사람 보는 눈은 다 똑같구나 하며 혼자 웃었던 기억이 납니다. '와! 저 교수님은 목소리가 정말 좋다. 꼭 바리톤 가수가 노래 부르는 것 같아.' '아, 내가 저 분 목소리를 또 언제 들을 수 있을까? 이 분야의 최고 권위자이자 대가라 칭송받는 석학인데 내가 이 자리에 있는 것을 영광으로 생각해야지. 누가 이런 특권을 누려보겠어?' 알아듣지 못하는 괴로움을 훌륭한 교수님의 목소리를 듣는 것만으로도 행복한 일이라고 애써 위로하며 버텼습니다.

그러나 시간이 흘러도 공부를 따라가기는 힘들었습니다. 그러다가 교수님들이 중요하다고 여러 차례 강조하는 부분을 메모해서 기숙사로 돌아와 책을 어떻게 보아야 하는지 연구하기 시작했습니다. 사전도 찾아보았지만 제가 가진 이한사전은 용어 구분은 고사하고 오역도 많아서 정확히 맞는 게 어떤 것인지 더욱 혼란스러울 뿐이었습니다.

궁리 끝에 우리말과 영어로 된 법률용어사전을 한국의 지인을 통해 구해 용어부터 공부하기 시작했습니다. 로마법의 경우 영어와 우리말로 설명되어 있는 것을 보면서 '아, 수업 시간에 들은 용어가 이거였구나' 하며 머릿속에 반짝 하고 전구가 켜질 때도 있었죠. 물론 이렇게 공부하는 데는 시간이 두 배 이상 걸렸습니다. 그러나 그렇게라도 해야 수업 내용이 조금이라도 이해가 되었기 때문에 그보다 더 많은 시간이 걸린다고 해도 저로서는 하지 않을 수 없었습니다.

참으로 지난한 과정이었습니다. '공부하는 시간'만을 놓고 볼 때 이것은 하나의 작은 터널일 수 있습니다. 고작 용어를 이해하기 위해서 이렇게까지 많은 시간을 투자하며 미련하게 공부해야 하나 하는 회의가 들 땐, 그보다 더 효과적이고 수월한 다른 방법이 있을 것 같다는 생각이 들곤 했습니다. 하지만 아무리 찾아봐도 그런 방법은 없었습니다. 이 방법이 진저리쳐지도록 싫고 지겨워서, 그보다 더 쉬운 방법이 정말 없는 걸까 고민하고 또 고민했지만 찾지 못했습니다. 이 지난한 과정을 지나야만 수업을 이해할 수 있었고 다음 단계로 나아갈 수 있었습니다.

많은 분들이 이처럼 비효율적으로 보이는 힘겨운 공부의 초기 과정에서 좌절하고 포기합니다. 언젠가 피아노 선생님과 대화할 기회가 있었는데 제게 이런 질문을 하셨습니다.

"아직 학교에도 들어가지 않은 어린 나이부터 피아노를 시작하는 학생들이 언제 가장 많이 피아노를 그만둘까요?"

그분의 말에 의하면, 유명한 작곡가들의 곡, 귀에 익숙한 곡, 남들 앞에서 '나 피아노 좀 친다'고 자랑할 수 있을 정도의 명곡을 가르치려 할 때쯤이라고 하더군요. 꽤 오래 배웠다 하는 아이들도 중학교 입학 전후로는 대부분 피아노를 그만둔다고요.

선생님은 이제 모차르트, 베토벤, 쇼팽, 슈베르트 같은 작곡가들의 소품, 소나타 같은 것을 칠 수 있게 되어, 배우는 사람도 한결 성취감이 커져서 덜 힘들고 듣는 사람도 행복한 시간이 다가오는데, 그 단계에서 그만두는 아이들이 가장 안타깝다고 했습니다. 그동안 피아노를 배우는 데 든 시간과 비용을 모두 낭비하는 일이기 때문입니다. 어느 분야에서나 한 단계 더 높은 곳으로 올라가기 위해서는 지난한 시간들을 반드시 통과해야만 합니다.

바람에 흔들리는 겨울나무처럼

법률 용어 공부를 하면서 첫 학기 때는 단어를 하나하나 다 찾았습니다. '이번 학기 내 지상 과제는 용어 정복이다'라고 생각하니 마음이 편했습니다. 그나마 다행이었던 건 첫 학기에는 이탈리아어가 좀 서툴러도 교수님들께서 이해해 주셨고, 그래도 가장 능숙하게 사용할 수 있던 영어로 대부분의 시험을 치른 것이었습니다. 첫 시험 결과는 어땠을까요?

첫 번째 시험 과목은 '동방교회법'이었습니다. 이 과목의 내용은 법학생들조차 좀처럼 들어보지 못한 내용이 많아서 공부하는 데에 어려움이 있었습니다. 더구나 유럽 학교 대부분에서 시행하는 구술시험이었습니다. 그때까지만 해도 저는 남들 앞에서 말하는 것을 매우 어려워했고 긴장하면 심지어 말을 더듬기까지 했습니다. 때문에 시험 전날 쉽게 잠을 잘 수 없었습니다. 자려고 누우면 자꾸 공부한 내용이 떠올랐습니다. 그러다가 생각나지 않는 부분이 있으면 자리를 털고 일어나 책을 들춰봐야 했습니다. 그러다 퍼뜩 '아, 안돼. 이젠 자야 해. 내일을 위해 자야 해' 하는 생각이 들어 잠을 청하면, 그럴수록 정신은 점점 또렷해졌습니다. 그러기를 반복하다가 날이 새고 말았습니다.

결론부터 말하면, 시험은 "완전 망했습니다." 머릿속이 하얘지면서 한마디도 하지 못하고 시험이 끝났죠. 하지만 결과는 '망하지' 않았습니다. 왜냐하면 당시엔 한 번도 수업을 빼먹지 않고 백퍼센트 출석한 외국인 학생에게 주는 점수가 있었기 때문이죠. 외국인 학생의 첫 시험임을 감안해서 용기와 자신감을 북돋아준 것인데 "너는 성실한 학생인데 긴장했구나. 다음엔 잘할 수 있을 거라 믿는다." 이런 차원이라고 할까요?

천만다행이라고 생각해야겠죠. 공부를 안 한 것도 아니고 열심히 했지만 긴장한 나머지 시험을 망쳤으므로 그런 배려가 너무도 감사했습니다. 지금도 기억이 납니다. 교수님 뒤로 해가 설핏 기우는 창밖의 풍경이 몽환적으로 다가왔던 그 오후가요. 그도 그럴 것이 한숨도 못 자고 시험을 망친 자가 그야말로 '탈탈 털린 영혼'으로 꿈인가 생시인가 하면서 바라보았으니까요.

하지만 교수실 문을 닫고 나왔을 때, 제 자신이 하찮고 보잘것없게 느껴졌습니다. 점수를 받게 된 건 정말 다행이었습니다. 하지만 기쁘기는커녕 부끄러웠고, 자존감은 바닥으로 뚝 떨어졌습니다. 유일하게 제 장점이라고 생각했던 건 외국어 공부를 좋아한다는 것이었습니다. 그리고 페루자에서 좋은 선생님들에게서 이탈리아어를 열심히 배우고 이탈리아 친구들과 교류하며 큰 도움을 받았다고 생각했는데, 그게 시험에는 아무런 도움이 되지 않았다고 생각하니 견딜 수 없이 괴로웠습니다. 제 실력이 고작 그것밖에 안 된다는 자책이 들었죠.

실패한 경험을 자랑할 수 있는 사람은 남부러울 게 없는 사람일 겁니다. 역경이 닥치면 대부분 실망하지만, 생각해보면 인생은 자신의 의지와는 상관없이 흘러갈 때가 많습니다. 공부 역시 그런 것 같습니다. 제 노력이나 의지에 맞는 결과가 늘 나오는 건 아니었죠. 그때마다 더 열심히 공부하겠다고 다짐하지만, 늘 그럴 수 있는 건 불가능에 가까운 일이었습니다.

요즘 사람들은 어떤 일을 하기 전에 검색을 주로 합니다. 식당을 가려면 맛집을 검색하고, 책을 살까 생각이 들면 블로그나 SNS 혹은 유튜브를 열어 인플루언서나 명사들이 어떤 책을 추천해주는지 찾습니다. 시간이 부족할 때 한정된 비용으로 가장 좋은 결과를 얻는 방법 중 하나입니다. 실패할 가능성이 적죠. 하지만 살면서 실패할 기회를 아예 만들지 않는 이런 삶의 자세가 과연 좋기만 한 걸까 하는 생각이 들 때가 있습니다. 책방에 가서 이런저런 책을 보다가 한 권을 골랐는데 나만의 '인생 책'이라 할 만한 것을 손에 넣는 짜릿한 경험을 할 수도 있지 않을까요? 어디에서도 소개되지 않은 책이지만 말이죠. 이런 경험이 쌓이면 책을 고르는 안목이 높아지지 않을까요?

한번은 바쁘게 운전을 하고 가는데 내비게이션이 엉뚱한 길을 안내해서 몹시 화가 난 적이 있습니다. 그런데 다른 날 무의식적으로 내비게이션이 가르쳐준 그 길을 통해 동일한 목적지로 가고 있는 저를 발견했습니다. 내비게이션의 잘못으로 알게 된 길이 이전에는 몰랐던 새로운 지름길인 걸 알게 된 것이었죠.

'틀린 게 언제까지나 틀린 게 아니구나' 싶어서 웃음이 나왔습니다.

실제로 공부하면서 맞닥뜨리는 슬럼프나 실패의 경험은 우리를 좌절시킵니다. 하지만 실패는 우리 자신의 수많은 부분 중 하나일 뿐입니다. 겸손한 사람이 공부를 잘한다는 사실을 알고 계십니까? 좌절하지 않는 태도는 겸손함에서 나옵니다. '맞아. 솔직히 난 아직 부족해. 더 실력을 쌓아야 해.' 이런 태도 말입니다.

겸손함은 자기 자신을 정확히 알고 인정하는 태도이기도 합니다. 자신이 할 수 있는 것과 할 수 없는 것을 아는 것이죠. 실패를 통해 내가 다시 할 수 있는 것이 무엇인지 생각해야 하기 때문에 잠시 실망하고 좌절감을 맛볼 수는 있지만, 겸손함을 갖춘 사람은 거기에서 멈추지 않습니다. 자신이 가진 다른 가능성을 생각하고 나아가는 겸손함이 공부하는 노동자의 가장 훌륭한 자세라고 저는 생각합니다.

사실 저는 그렇게 겸손한 사람이 못됩니다. 그러나 공부를 할 때는 모르는 게 보이고 제 한계가 분명하게 드러나기 때문에 겸손해지지 않을 수 없습니다. 유럽의 내로라하는 대가들의 수업, 그분들과 저의 격차는 가늠할 수도 없었습니다. 그분들처럼 되고 싶다는 열망은 가득했지만 욕심을 부리지는 않았습니다. 공부라는 건 그저 벽돌을 한 장 한 장 쌓듯 묵묵히 해나가야 하는 일이라는 걸 저는 알고 있었으니까요.

나무를 가장 정확히 볼 수 있는 계절은 언제일까요? 바로 겨울입니다. 풍성한 녹음도 화려한 단풍도 모두 다 지는 겨울, 나무의 가장 적나라한 모습이 드러납니다. 얼마나 많은 가지가 뻗어 있는지, 그 가지들은 어디를 향하고 있는지, 우리는 볼 수 있습니다. 나무들로 뒤덮여 보이지 않던 산의 모습도 겨울에는 정확하게 드러납니다. 전체의 윤곽과 능선. 세세한 골짜기까지도 우리는 볼 수 있죠.

공부하는 사람도 겨울나무와 같을 때 자기 자신을 잘 볼 수 있습니다. 허세와 겉치레, 핑계와 변명을 다 버리고 나면 비로소 본모습이 드러납니다. 공부를 위해 책상 앞에 앉은 자신 말이죠. 자기 자신을 제대로 보지 못하면서 공부를 잘 하기란 쉽지 않습니다.

앙상한 가지만 남은 겨울나무의 모습은 공부하는 사람이 가질 수 있는 가장 겸손한 자세와 같다고 할 수 있습니다. 자신이 해야 할 것들을 치열하게 마주하고 그것들을 묵묵히 해나가야 합니다. 겨우내 나무에는 잎이 남아 있지 않지만 죽어버린 것이 아닙니다. 다시 잎을 피울 때까지 찬바람을 견디며 묵묵히 준비를 하고 있는 것입니다. 세찬 바람에 스스로 가지치기도 하고, 한 해 동안 함께 한 나뭇잎도 미련 없이 떨어뜨립니다. 지루하고 지난한 공부를 해나가는 시간도 이와 같을 것입니다.

그러나 우리는 가지에 얼마 달려 있지 않은 나뭇잎에 집착하고 그걸 공부하지 않는 자신의 보호막으로 삼습니다. 그보다는

"내 능력이 좀처럼 향상이 되지 않는데 어떻게 하면 더 나아질 수 있을까?" 하고 고민해야 합니다. 자신의 부족함을 알고 인정하는 데서 출발해야 합니다. 허세를 부리면 공부하지 않는다는 사실을 감출 수 있을 거라 착각하지만, 실제로는 허세란 공부를 제대로 안하고 있다는 걸 반증해줍니다. '실제의 나'와 '내가 평가하는 나' 사이의 간극을 정확하게 모르거나 모른 척하거나 둘 중 하나인데, 그러다가 남이 이룬 것을 부러워하고 시샘하는 못난 모습을 보이게 됩니다. 아는 사람들이 잘됐다는 이야기를 듣거나 기사를 접할 때, 저는 부러워하거나 질투하기보다는 그들의 노력과 수고를 먼저 떠올립니다. 그러면 마음이 편해지고 저의 태도를 되돌아보게 되죠.

첫 구두시험을 완전히 망치고 외국인 찬스로 생각보다 좋은 점수를 받은 부끄러운 제 모습은 잎이 다 떨어진 채 삭풍이 부는 들판에 서 있는 겨울나무와 다를 바 없었습니다. 법률 용어를 몰라 일일이 사전을 찾아야 했고, 시간은 없고 공부할 것은 많은 총체적인 난국 속에서 제 실력의 실체를 뼈아프게 확인하며 자존감과 자신감이 극도로 낮아졌지만 이 시간이 저에겐 꼭 필요한 시간이었습니다. 겸손하지 못했던 저에게 처방된 쓰디쓴 약이었으니까요.

공부를 해서 좋은 결과가 나오는 경우가 얼마나 될까요? 실패가 축적되어 오늘날의 우리가 있게 된 것입니다. 그러나 실패는 정지가 아니라 나아가는 과정입니다. 노력하는 과정에서 거둔 실패라면 우리는 당당하게 마주할 수 있습니다. 실패했더라도 다시 일어서서 나아가게 되면 훗날 후회하지 않을 수 있습니다. 그게 이른바 성공한 삶이 아닐까 합니다. 시간이 흘러 살아온 날들을 되돌아보게 되는 어느 날 스스로에게 "나는 살아온 것을 후회하지 않는다Non me paenitet vixisse, 논 메 패니테트 비씨쎄"라고 말하려면 지금의 나는 무엇을 해야 할까요? 이 질문을 지금 제게도 해봅니다.

Acta non verba.

악타 논 베르바.

말 대신 행동으로.

5장

의지가 아닌 의식하는 삶

중세시대의 학생들도 지금의 우리처럼 공부에 대해 고민했나 봅니다.

Oportet studuisse.[4]

오포르테트 스투두이쎄.

공부해야 한다.

이 문장에서 강한 저항과 압박감이 느껴지지 않나요? 오랜 시간 학생으로 지낸 저는 한순간도 공부를 해야 한다는 압박감에서 자유로웠던 적이 없었습니다. 그런 압박감에서 벗어나기 위해 이상한 선택을 해본 적도 많았죠. 라틴어에 이런 명언이 있습니다. "모든 사람은 건강하기를 원하지만 종종 건강에 해로운 모든 걸 행한다Omnes homines sibi sanitatem cupiunt, sæpe autem omnia, quæ valetudini contraris sunt, faciunt, 옴네스 호미네스 시비 사니타템 쿠피운트, 새페 아우템 옴니아, 쾌 발레투디니 콘트라리스 순트, 파치운트." 우리는 공부를 잘하고 싶어 합니다. 하지만 늘 공부를 잘 할 수 있는 행동만 하는 건 아니죠.

나약한 의지

사람이 생각만으로 변할 수 있다면 얼마나 좋을까요? 아니 한 번의 결심만으로 뭔가를 실현하고 바꿀 수 있다면요? 하지만 이는 불가능한 일입니다. 가끔 저는 신이 존재한다면 인간이 신에게 무엇을 봉헌할 수 있을까 생각해봅니다. 교회에서 말하는 다양한 명목의 헌금이나 기부금일까? 과연 신이 있다면 신에게 그것이 필요하기나 할까?

저는 신에게 봉헌할 수 있는 것이 '내가 매일 하기로 결심한 것들을 계속 실천에 옮기지 못하는 것'이 아닐까라는 생각을 해봅니다. 인간인 제가 신에게 보여줄 수 있는 것은 저의 업적이나 능력이 아니라 매일매일 결심한 것들을 마음먹은 대로 실천에 옮기지 못하고, 그로 인해 성찰에 이르는 것입니다. 그 성찰은 실패에 대한 변명이 아니라 어떻게 하면 내일은 다시 실패하지 않을 수 있을지 생각하는 또 다른 자기 성찰이자 결심이라고 할 수 있습니다. 저는 신이 실패를 거듭하는 인간을 탓하기보다 실패를 통해 아무것도 깨닫지 못하는 인간에게 실망할 거라고 생각합니다.

인간의 의지는 생각보다 약하다는 걸 우리는 날마다 경험하고 느낍니다. 해마다 새해 계획을 세우지만 작심삼일로 막을 내리는 것이 다반사입니다. 생각해보면 금연, 다이어트, 외국어 공부…, 이런 계획은 정말 큰 계획에 속합니다. 1년 동안 정말 담배를 끊고 원하는 체중까지 살을 빼고 외국인과 간단한 회화를 할 수 있을 정도로 목표 달성을 하는 건 '인간 승리'라고 할 정도로 엄청난 일입니다.

매일 실천할 아주 사소한 일 한 가지를 정해볼까요? 아침에 자리에서 일어나 공복에 따뜻한 물 한 잔 마시기, 하루에 책 한 장 읽기, 이 중에 딱 한 가지만 정해서 매일 해보시기 바랍니다. 한 달 동안 하루도 안 빼놓고 할 수 있을까요? 실천할 때마다 달력에 표시하면 이런 사소해 보이는 것도 완벽하게 해내기가 어렵다는 걸 알 수 있을 겁니다. 일어나자마자 공복에 따뜻한 물을 한 잔 마시기로 했지만, 무심코 다른 걸 먼저 먹을 수도 있고 차가운 물을 벌컥벌컥 마시기도 합니다. 이렇게 사소한 일도 실천에 옮길 수 없을 만큼 의지력이 약한가 싶은 생각에 실망할 수 있습니다. 그런데 생각해보세요. 우리는 매번 모든 것을 '약한 의지'의 책임으로 돌리지 않나요?

학창 시절 저는 노력한 만큼의 성적이 나오지 않아 늘 힘들었습니다. 사회과학 서적을 읽는 데 시간을 빼앗겨서 그런 걸까, 책 읽을 시간에 교과서를 보았다면 더 좋은 성적이 나왔을까 생각도 해보았지만 그건 아무도 알 수 없는 일일 겁니다.

'공부해야 한다'는 걸 알면서도 잠을 자거나, 게임을 하거나, 텔레비전을 보거나, 아침부터 무작정 거리를 쏘다니다가 날이 어두워져야 집으로 돌아오곤 했습니다. 좋지 않은 성적표를 받은 날 다음날 새벽에는 혼자서 춘천 가는 첫 기차를 탄 적도 여러 번 있습니다. 강촌쯤에서 내려 춘천 방향으로 걷기도 했는데, 그럴 때면 소주 한 병을 사서 홀짝대기도 했습니다. 그렇지만 그러고 돌아올 때면 마음이 가벼워지기는커녕 다시 몇 배의 허탈감이 저를 괴롭게 했죠.

나중에 깨닫게 되었습니다. 공간이 제 문제를 해결해주진 않는다는 것을요. 비행기를 타고 런던이나 뉴욕으로 바람을 쐬러 가도 소용이 없다는 것을 말입니다. 근본적인 문제를 직시해야 한다는 걸 조금은 늦게 알게 되었던 거죠. 저는 제 문제를 좀 더 냉정하게 바라보았습니다. 결과가 쉽게 바뀌지 않는다면 마음이라도 바꿔보자는 게 제가 찾아낸 해결책이었습니다.

무엇보다 저는 당장의 성적에 조바심을 내지 않기로 했습니다. 설령 기적적으로 최고의 성적을 받는다고 해도 그걸 지키기 위해서는 또다시 피가 마르는 시간을 보내야 할 것이고, 만약 지키지 못하면 또 방황의 지옥에 스스로를 밀어버릴 것 같았기 때문입니다. 이런 출구 없는 쳇바퀴에서 벗어나려면 스스로를 믿어주고 조금 멀리 보는 여유를 갖는 게 필요하다고 생각했습니다. 당장 성적이 안 좋아도 자신을 끝까지 믿으며 실력을 쌓아가다 보면 어느 순간 좋은 결과가 나오는 때가 있을 거라고 저는 믿었습니다.

생각을 바꾸고 나니 정말 신기할 정도로 마음이 편안해졌습니다. 이렇게 간단한 걸 왜 진작 못했나 싶었습니다. 스스로를 미워하며 일탈과 방황하며 보냈던 시간이 결과적으로는 제게 좋은 약이 된 듯했습니다. 저는 원하는 일을 해내지 못하는 약한 제 의지 때문에 좌절하기를 멈추고, 마음을 바꾸고 그 바꾼 마음을 꾸준히 '의식'하기로 결심했습니다. '코앞의 성적 올리기'라는 조바심 나는 단기 목표에 대한 집착과 의지를 버리고, '멀리 보자'는 결심을 의식하는 것만으로도 저를 다독이고 일으켜 세울 힘을 얻을 수 있었습니다.

인이 박일 때까지

신학교에 다닐 때 방학이면 두 달 꼬박 노동을 하면서 사회 경험을 해야 했습니다. 고랭지 배추를 출하하는 농장에서 트럭에 배추를 싣는 일을 했었는데, 저는 그때 일을 잊을 수가 없습니다. 일은 동이 틀 때 시작하는데 해가 지면 당연히 그만할 거라 생각했습니다. 선부른 기대였죠. 해가 지자 발전기를 가져와 거대한 조명을 켜고 일을 계속했습니다. 비가 오면 우비를 입습니다. 거추장스러운 우비를 입고 물먹은 배추를 쉼 없이 들어 올리다보면, 하루가 어서 끝나기를 바라게 되지요. 허리가 아프고 온몸이 쑤시지만, 해는 또 다시 떠오릅니다. 배추는 끝이 없고요.

'인이 박이다'라는 말을 알고 계시겠죠? 무엇인가 여러 번 되풀이하여 습관이 몸에 깊이 밴 것을 말합니다. 함께 일했던 아저씨들은 저보다 연세가 많았음에도 훨씬 수월하게 일하는 것처럼 보였는데, 지금 생각해보니 그 일에 인이 박였기 때문이었던 겁니다.

몸을 쓰는 노동의 고단함을 제대로 경험한 그때 처음으로 '그래도 공부가 쉽구나' 하는 생각을 했습니다. 공부하기 싫고 놀고만 싶을 때, 성적이 안 좋아서 우울할 때, 공부하다가 짧은 집중력에 실망할 때 그때의 고된 육체노동을 떠올리면 큰 약이 되었습니다. 공부하다가 좀이 쑤셔 몸이 들썩거리면 고랭지 배추가 시시포스의 신화 속 돌처럼 느껴졌던 그 시간을 떠올리며 마음을 다잡았습니다.

지금 학생과 청년들을 힘들게 하는 건 방황하고 시행착오를 겪을 시간을 주지 않고 오로지 '노력하라'라고만 하는 세태라 생각합니다. 누군가로부터 열심히 공부하라는 말을 듣는 것만으로 공부가 잘 된다면 얼마나 좋을까요? 하지만 자기 공부에

제우스를 속인 죄로 시시포스는 지옥에 떨어져 바위를 산 위로 밀어 올리는 벌을 받는다.

대한 사명이나 당위를 치열하게 고민하는 방황의 시간 끝에 내린 결론이어야 스스로 납득하게 되고 목표를 달성할 힘도 생깁니다.

오늘날 우리는 이런 시간조차 낭비라고 생각하고 일찌감치 낙오나 실패의 낙인을 찍습니다. 실패를 두려워하지 말라고 하면서 넘어지면 일어날 때까지 기다려주지 않습니다. 안타까운 일이죠. 야구에도 스리아웃, 세 번의 기회가 주어집니다. 하물며 긴 삶 속에서 사람에게 방황이나 실패의 시간이 어떻게 없을 수 있을까요? 무엇보다 이런 실패의 시간이 있어야 하는 이유는 큰 역경 없이 단번에 이룬 성공은 이후 계속 도전을 받기 때문입니다. 면역이 없는 사람에게 오는 도전, 백신을 맞지 않은 사람에게 오는 시련은 분명 더욱 힘겨울 겁니다.

공부만 해야 하는 학생들이 "어른들은 좋겠다 공부 안 해서"라고 흔히 말하곤 하죠. 그런데 어른이 되면 진짜 공부를 하지 않아도 될까요? 학교를 가지 않아도 되고, 성적을 걱정하지 않아도 되고, 그럼 공부에 대한 압박도 없을까요? 전혀 그렇지 않습니다. 어른들도 계속 공부하지 않으면 안 됩니다. 세상은 빠르게 변하고 그에 맞춰 배워야 할 새로운 것들도 늘어납니다. 공부를 안 해도 뭐라고 할 사람만 없을 뿐이지, 공부를 하지 않아도 괜찮은 건 결코 아닙니다.

그러나 나이가 들면 몸 건강은 젊을 때보다 잘 챙기면서도 정신을 위해서는 그런 노력을 기울이지 않는 경우가 많습니다.

'나이 들어 보인다', '늙었다'라는 말은 듣고 싶지 않으면서도 마음이나 정신이 늙어가는 것은 아무렇지도 않게 받아들입니다. 스마트폰의 새로운 기능을 익힐 때도 누군가에게 묻고 배워서 직접 하기보다 쉽게 대신해달라고 말합니다. 새로운 것에 대한 궁금증이나 호기심이 줄어들고 상상력과 도전 정신도 줄어듭니다. 배움에 대한 압박은 나이가 들어도 익숙해지지 않는 것이 인간의 본능인가 봅니다.

우리는 "공부할 분위기가 아니다", "상황이 여의치 않아 집중하기 어렵다"는 말을 좀 더 생각해봐야 합니다. 몸도 마음도 환경도 안정적인 상태여야만 무엇인가를 잘할 수 있다는 것은 우리의 오해일 수 있습니다. 인간의 삶에서 그런 시간은 좀처럼 찾아보기 힘들다는 걸 우리는 알고 있지 않나요? 저 역시 로마에서 공부할 때 단 한 번도 평온한 상태였던 적이 없었습니다.

의지에 반하는 온갖 일들이 자신의 주변에서 끊임없이 일어납니다. 쉬운 일은 아니지만, 주변에 지나치게 관심을 두지 말고, 자기가 해야 할 일을 계속해야 합니다. 배추 농장의 노동자들처럼 공부 습관에서 '인이 박일' 때까지 계속해야 합니다. 자신이 어쩌지 못하는 일에 매달리면 감정 소모만 커질 뿐입니다. 정작 해야 할 일을 하지 못하게 되죠. 어떤 일을 할 때 그런 부분을 분명히 구별하는 건 무척이나 중요합니다. 사람은 갈등과 불안과 긴장 속에서도 그저 자신의 일을 해야 하는 존재입니다. 내가 해야 할 일을 끊임없이 의식하는 것, 그것이 삶이라고 생각합니다.

Verumtamen oportet me hodie et cras et sequenti ambulare.

베룸타멘 오포르테트 메 호디에 에트 크라스 에트 세퀜티 암불라레.

그러나 오늘도 내일도 그 다음 날도 계속해서 내 길을 가야 한다.

—《성경》, 〈루카복음〉 4장 2절

6장

그냥 하는 것의 위대함

소설가 이외수 선생은 예전에 작품에 몰두하기 위해 집 안에 교도소 철창을 설치하고 밖에서 자물쇠를 채워 자신을 가둬놓고 글을 썼다고 합니다. 선생은 그 일에 대해 인터뷰에서 이렇게 말했습니다.

"세상과 나를 격리시키겠다는 의지지요. 상업적이고 계산적인 세상에서가 아닌 독립된 세상에서 글을 쓰려는 마음가짐의 표현입니다. 한 줄 한 줄 피땀을 흘려가며 글을 써 내려가겠다는 심리적인 배수진을 치는 것이라고나 할까요. 사실 저는 글 쓰는 게 상당히 힘든 작업이라고 생각하거든요. 책속에 깃든 단어 하나, 문장 하나 때문에 독자들이 인생을 바꿀 수도 있다고 생각하면 더 그렇지요."[5]

사람들은 유별나다고 할 수 있겠지만 소설가는 글쓰기에 집중하고 몰입하기 위한 자기만의 공간을 만들었습니다. 문학가뿐만 아니라 공부하는 사람도 집중하기 위해 물리적으로 그리고 심리적으로 스스로를 가둡니다. 물론 자연스러운 행위는 아니죠. 사람의 본성을 거스르는 부자연스러운 환경에 놓이는 것이기 때문에 아무것도 하지 않아도 그 자체로 힘들 수밖에 없습니다. 에너지가 넘치는 중고등학생뿐만 아니라 대학생이나 취업준비생들에게도 쉽지 않은 일이지요.

신기한 건 공부하기 위해 스스로를 가두면, 자유로울 때는 눈에 띄지 않던 것들이 보이기 시작한다는 겁니다. 늘 책상 위에 이것저것 늘어놓고 살아도 아무렇지 않았는데 공부를 하려고만 하면 갑자기 그것이 거슬립니다. 대강 책상 위만 치우고 빨리 공부를 시작하면 될 것 같은데 싶다가도, 책꽂이에 있는 책까지 다 꺼내고 서랍도 열어서 정리를 시작하죠. 그러다보면 또 한나절이 가버립니다.

그냥 하는 것

누구나 한번쯤 이런 경험을 해봤을 것입니다. 저는 어렸을 때 텔레비전 보는 걸 좋아했습니다. "이것만 보고 공부해야지" 하다가도 다음에 더 재미있는 프로그램이 시작되면 "이거 하나만 더 보고 공부해야지" 하다가 또 "진짜 이것만 마지막으로 보고" 하다가 결국 하루를 다 날리곤 했죠. 요즘에는 유혹이 더 많습니다. 스마트폰만 켜면 볼거리들이 수도 없이 튀어나옵니다. 유튜브 같은 경우 이미 시청한 데이터를 기반으로 개인의 관심사와 취향을 파악해서 첫 화면에 띄워주니, 파도 타듯 따라가다 보면 시간 가는 줄 모를 수밖에 없죠.

사실 여기서 요즘 공부하는 분들에게 제가 공부할 때와 다른 어려움이 있다는 걸 알게 됩니다. 지금의 시대는 물리적으로 몸을 가둘 수는 있어도 마음까지 가두기는 어렵습니다. 스마트폰이 서로를 연결시켜주기 때문입니다. 책상에 앉아서도 얼마든지 딴생각이니 딴 짓을 하기가 너무나 쉬운 환경입니다. 몸만 방 안에 있을 뿐, 마음은 온 세상을 휘젓고 활보할 수 있으니 공부에 집중할 수가 있을까요?

라틴어 속담에 "사람의 지능은 배우면서 발전한다Hominis mens discendo alitur, 호미니스 멘스 디센도 알리투르"라는 말이 있습니다. "스파르타의 젊은이들은 참으로 자주 그리고 매우 오랫동안 몸을 단련했다Sæpissime et diutissime juvenes Lacedæmonii corpora exercebant, 새피씨메 에트 디우티씨메 유베네스 라체대모니이 코르포라 엑세르체반트"고 하는데 몸을 가두고 하는 건 운동도 마찬가지입니다. 국가 대표 선수들을 보십시오. 선수촌에 들어가 집중적으로 훈련하는데 이 역시 몸을 가두는 행동입니다. 공부가 '몸을 가두어' 두뇌를 단련하듯, 운동도 어찌 보면 운동 공간에 '몸을 가두고' 필요한 근력을 기르고 기술을 익혀가는 공부라 할 수 있습니다.

오늘도 공부 때문에 사람들은 원하든 원하지 않든 학교나 학원, 공부방에 몸을 가둡니다. 대학을 졸업해도 취업을 위해 또다시 직업 교육을 위한 학원을 찾습니다. 학원에 다닌들 실력이 느는 것 같지 않은데도 다니지 않으면 불안해서 어쩔 수 없다고 하는 사람도 있습니다. 이것은 공부를 제대로 하고 있지 않은 데서 오는 불안감일 것입니다. 학생들이 학교에 가서 공부를 열심히 하지 않았던 것은 중세에도 마찬가지였나 봅니다. 중세에도 이런 말이 있었으니까요.

Ad scholam venitis ut multa discatis.
아드 스콜람 베니티스 우트 물타 디스카티스.
너희는 많은 것들을 배우기 위해 학교에 오는 것이다.

'그런데도 열심히 하지 않는구나'라는 말이 생략된 것만 같습니다.

Ex studiis gaudium provenit.
엑스 스투디이스 가우디움 프로베니트.
노력에서 기쁨이 나옵니다.

기쁨을 얻기 위해서는 다음의 라틴 격언과 에라스무스의 말을 다시금 되새길 수밖에 없습니다.

Repetitio est mater studiorum.

레페티티오 에스트 마테르 스투디오룸.

반복이 학습의 어머니입니다.

Ego nullam ætatem ad discendum arbitror immaturam.

에고 눌람 애타템 아드 디센둠 아르비트로르 임마투람.

나는 배우는 데에 너무 어린 나이는 없다고 생각합니다.

Mihi res, non me rebus, subiungere conor.

미기 레스, 논 메 레부스, 수비운제레 코노르.

나는 나를 일에 매이게 하는 것이 아니라 일이 나에게 매이게 하기 위해 힘쓴다.

라틴어 명언을 늘어놓는다고 해서 식상하고 뻔한 얘기라고 생각하는 분들도 있을 겁니다. 맞습니다. 뻔한 얘기입니다. 하지만 꼭 필요한 이야기이기도 합니다. 우리는 '일상적인 행동을 잘하는 것에 대하여De consuetis actionibus bene peragendis, 데 콘수에티스 악티오니부스 베네 페라젠디스' 끊임없이 생각합니다. 일상생활을 잘한다는 건 좋은 습관이 몸에 배도록 하는 것입니다. 공부할 때 좋은 습관이 몸에 밴다는 것은 몸을 가두는 연습이 잘 된다는 것을 의

그리스 라틴 고전의 인문정신과 그리스도교의 융합을 꿈꾼 에라스무스.

미하기도 합니다. 그리고 그러한 "좋은 습관이 몸에 배어 있는 사람은 늙어서도 항상 칭송받습니다Qui bona consuescit, semper cum laude senescit, 퀴 보나 콘수에쉬트, 셈페르 쿰 라우데 세네쉬트." 그리고 "학식 있는 사람은 재산을 늘 자기 몸에 지니고 다니는 셈입니다Homo doctus in ipso divitias semper habet, 호모 독투스 인 입소 디비티아스 셈페르 하베트."

김연아 선수에게 운동 전 스트레칭을 할 때 무슨 생각을 하냐고 묻자 "생각은 무슨 생각을 해요? 그냥 하는 거죠"라고 대답했다고 합니다. '그냥 하는 것'의 위대함을 증명해준 사람은 또 있습니다. 발레리나 강수진 씨는 "지금까지 제가 가진 모든 성공담, 주변의 찬사는 모두 '일상적 반복이 빚어낸 위대한 선물'이에요"라고 말했죠. "보잘것없어 보이는 하루하루를 반복해 대단한 하루를 만들어낸 사람이라는 칭찬이 가장 좋다"는 강수진 씨의 말에 담긴 의미를 우리는 깊게 새겨야 합니다.

몸으로 공부하기

유학 시절, 용어 공부를 할 때 저는 법률용어사전에 있는 한국어 풀이와 영어로 뜻을 이해한 후, 그에 해당되는 이탈리아어 법률 용어를 찾아서 이해하는 두 단계의 과정을 거의 모든 단어에 적용해 익혔습니다. 1학기 내내 그런 식으로 공부했습니다. 그 과정에서 놀랍게도 중고등학교 때부터 외웠던 수많은 영어 단어들이 머릿속에서 튀어나오기 시작했습니다.

이탈리아어 단어는 어릴 때 죽어라 외웠던 영어 단어에서 유추한 것과 의미가 같은 것들이 많았습니다. 예를 들면, 이탈리아어 '카소caso(소송 사건)'가 영어 단어 '케이스case(소송 사건)'와 같은 의미인 것처럼 말이죠. 그때까지 쌓아 온 영어 실력이 이탈리아어를 공부하며 빛을 발했습니다.

콩나물에 물을 주면 아래로 다 빠져나가 버리는 것처럼 보이지만 어느새 콩나물은 훌쩍 자라납니다. 한국에서는 지지부진하게만 느껴졌던 영어 공부가 빛을 발한 경험은 제게 큰 위로가 되고 희망이 되었습니다. '아, 이거였구나! 보이지 않을 뿐 쌓이지 않은 건 아니었구나. 사라지지 않았구나. 필요할 때 쓸 수 있게 그 어딘가에 축적되어 있었구나!'

법률용어사전, 영어사전, 이탈리아어 사전으로 이어지는 지루하고 외로운 용어 정복 싸움은 2학기까지 이어졌습니다. 그 무렵부터 개념이 잡혀가는 걸 느낄 수 있었습니다. 사전을 찾지 않고도 용어를 이해할 수 있게 된 건 말할 수 없는 기쁨이었습니다. 높은 성적을 받은 것보다 성취감이 컸죠. 왜냐하면 제 미련한 공부 방식이 틀린 게 아니었다는 걸 확인할 수 있었고, 포기하지 않고 계속한 결과 원하는 것을 얻었기 때문입니다. 공부하는 노동자가 되겠다고 결심한 이래로 무능력하다고 저를 책망해온 모든 시간들을 보상받는 기분이었습니다. 공부는 자동판매기처럼 돈을 넣은 만큼 바로 원하는 것이 나오지 않더라도 실망할 필요가 없다는 사실, 실력이 노력에 비례해 착실히 쌓이고 있음을 확인한 순간이었습니다.

살면서 생각하지 않는 게 좋을 때가 바로 이런 경우입니다. 보통은 생각한 후에 행동하는 것이 일반적이지만 매일매일 해내야 하는 어떤 과제가 있다면 깊이 생각하지 말고 '그냥 하는 것'이 더 효과적입니다. 제 경우에는 생각부터 하면 하지 않을 핑계까지 연이어 떠올랐습니다. 공부에 전념할 수 없는 이유는 공부하는 사람 열이면 열, 백이면 백 모두 갖고 있을 겁니다. 그럼에도 지금 처한 상황은 모두 접어두고, 즉 '아무 생각하지 말고' 오늘 해야 할 공부를 완수해야 합니다.

어렸을 때 공부를 하려고 책상에 앉자마자 아무 생각 없이 '그냥 한 것'이 영어 단어를 외우는 일이었습니다. 영어 단어를 외우는 건 두뇌를 워밍업하기 좋은 방법이어서, 어떤 공부를 하든 간에 그건 저만의 루틴이었죠. 단어와 숙어를 외우기 시작하면 머릿속에 잡다하게 머물러 있던 생각들이 서서히 사라지면서 집중력이 높아졌습니다.

하루 공부한 후 며칠씩 공부를 손에서 놓아서는 언제, 어떻게 공부하는 것이 자신에게 맞는지 알 수 없습니다. 일단 무조건 규칙적으로 뭔가를 해봐야 자신의 공부법에 어떤 문제가 있는지 알 수 있고, 몰랐던 자신의 습관을 파악하게 되어 개선할 수 있습니다. 머리로 공부하려 하지 말고 내 몸이 공부할 수 있게끔 이끌어주어야 합니다. 같은 시간에 책상에 앉고 자기가 만든 계획표대로 차근차근 '몸이 그것을 기억할 수 있을 때까지' 해야 합니다. 벼락치기, 이른바 머리로 공부해서 성과를 내는 건 오래 가지 못합니다. 중요한 건 몸으로 공부해야 한다는 겁니다. 매일 습관으로 쌓인 공부가 그 사람의 미래가 됩니다.

습관을 만들기 위해서는 자신의 생활 패턴과 성향을 잘 분석해야 합니다. 처음부터 실현 가능성이 낮은 계획을 세우고 그로 인해 스트레스를 받는 건 피하는 게 좋습니다. 무엇보다도 자신이 어느 시간에 더 집중이 잘 되고 어느 시간에 집중이 안 되는지 잘 파악하는 게 중요합니다. 이를테면, 몰입을 방해하는 요인이 시간인지, 공간인지, 습관인지를 세심하게 살펴야 한다는 거죠.

저는 오전 8시부터 1시 사이에 머리가 맑고 컨디션이 가장 좋았기 때문에 이 다섯 시간을 효율적으로 쓰기 위해 노력했습니다. 저도 유학을 가서야 비로소 제 생활 패턴과 공부 성향을 알 수 있었습니다. 신체 리듬을 파악하고 나니 공부 계획을 실천하기가 훨씬 수월해졌습니다.

리듬이 파악되지 않는다면 정해진 루틴을 '그냥 하는' 데 시간을 할애해야 합니다. 공부의 질을 생각하지 말고 정해진 양을 목표로 삼는 겁니다. 매일 책을 몇 쪽부터 몇 쪽까지 보기로 정하고 그냥 읽기만 하는 것으로 시작해도 좋습니다. 이해하지 못하더라도 같은 구간을 매일 반복적으로 읽어보세요. 속도가 빨라질 것이고 이해하게 되는 순간도 반드시 옵니다. 그러면 진도를 나가게 되고 다른 책도 볼 수 있게 되죠.

몸은 서서히 익숙해집니다. 과연 이게 맞는 방법일까에 대한 의심은 미뤄두고, 일단 매일매일 그냥 해나가다 보면 자기만의 리듬이나 호흡이 생길 것입니다. 한번 상상해보세요. 매일매일 성실하게 수행하는 사람과 그렇게 하지 않는 사람이 어떤 미래를 맞이할 것인지를 말이죠.

Quod factum est, infectum manere impossibile est.

쿼드 팍툼 에스트, 인펙툼 마네레 임포씨빌레 에스트.

이루어진 일에는 하지 않은 게 남아 있을 수 없다.

Difficultas non vitiat actum.

디피쿨타스 논 비티아트 악툼.

어려움이 행위를 망치도록 하지 않는다.

Quae peccamus iuvenes, ea luimus senes.

쾌 펙카무스 유베네스, 에아 루이무스 세네스.

우리는 젊어서 지은 죄의 대가를 늙어서 치른다.

당신 앞에 주어진 뻔한 이야기와
뻔하게 주어진 일은 무엇입니까?

7장

양 우리에 늑대를 들이지 마라

Nec habeo, nec careo, nec curo.

넥 하베오, 넥 카레오, 넥 쿠로.

나는 가진 것도 없고, 필요한 것도 없고, 걱정할 것도 없소.

Ille beatissimus est et securus sui possessor, qui crastinum sine solicitudine espectat.[6]

일레 베아티씨무스 에스트 에트 세쿠루스 수이 포쎄쏘르, 퀴 크라스티눔 시네 솔리치투디네 에스펙타트.

내일을 걱정 없이 맞이하는 자가 가장 훌륭한 사람이며, 자기 몸 하나로 안전한 사람이다.

내일을 걱정 없이 맞이할 수 있다면 얼마나 좋을까요? 여러분은 어떻습니까? 어떤 내일을 떠올리며 오늘을 살아가고 있으신가요?

"인간은 기쁨으로 부름 받고 있습니다. 그럼에도 인간은 날이면 날마다 수많은 형태의 고통과 괴로움을 겪고 있습니다 Homo ad gaudium vocatur, sed quotidie plurimas moeroris et doloris experitur formas, 호모 아드 가우디움 보카투르, 세드 쿼티디에 플루리마스 모에로리스 에트 돌로리스 엑스페리투르 포르마스."[7]라고 말한 요한 바오로 2세의 절규를 오늘날에도 여전히 실감하는 건 왜일까요? 라틴어 속담에서는 '걱정'을 다음과 같이 표현합니다.

Triste lupus stabulis est.

트리스테 루푸스 스타불리스 에스트.

걱정은 양 우리에 있는 늑대다.

양 우리에 늑대가 들어가면 어떤 일이 벌어질까요? 늑대가 양의 대부분을 죽이겠죠. 우리의 내면이 양 우리라면 걱정과 자기 비하는 늑대와 같은 존재입니다. 우리가 스스로 힘들게 하지 않아도 세상은 우리를 여러모로 위축시키고 보잘것없는 사람처럼 느끼도록 만듭니다. 나 자신마저 나를 힘들게 해서 보잘것없는 존재로 만들 필요는 없습니다. 내가 나를 돌보지 않으면 누가 돌봐주겠습니까!

하지만 몸을 가두고 공부를 하다 보면 이런저런 걱정이 솟아납니다. '지금 준비하고 있는 시험을 통과할 수 있을까?' '이 길이 맞는 것일까?' '옳은 선택이 아니면 어쩌지?' 생각은 꼬리의 꼬리를 물고 걱정은 걱정을 낳습니다. 이미 하기로 결정한 공부나 일을 앞에 두고 "내가 그걸 할 수 있을까?" 혹은 "그 일이 과연 될까?", "내가 옳은 선택을 한 것일까?" 하고 자꾸 스스로에게 질문을 던지는 것은 양 우리에 늑대를 넣는 것과 같은 일입니다. 내가 한 말, 내가 한 생각으로 스스로를 옭아매 한계를 만드는 셈이죠.

〈구약성경〉의 잠언 18장 7절은 이렇게 말합니다.

> Os stulti ruina eius, et labia ipsius laqueus animæ eius.
>
> 오스 스툴티 루이나 에유스, 에트 라비아 입시우스 라퀘우스 아니매 에유스.
>
> 우둔한 자의 입은 그를 파멸시키고 입술은 그를 옭아맨다.
>
> 미련한 자는 그 입으로 망하고 그 입술에 스스로 옭아 매인다.

제게 기도는 양 우리에 늑대를 들이지 않는 가장 좋은 방법이었습니다. 신앙과 무관하게 누구라도 기도는 할 수 있습니다. 옛날 어머님들이 장독대 위에 물 한 그릇을 떠놓고 비손을 했던 건 오늘날 우리가 생각하는 어떤 종교가 있었기 때문이 아닙니다. 어딘가에 인간의 삶을 관장하는 존재가 있다고 생각한 어머님들의 간절하고 정성어린 기도를 두고 부질없는 일이라고 생각하는 사람들은 별로 없을 겁니다.

어머님들의 기도처럼, 공부하는 노동자에게 좋은 영향을 줄 수 있는 노래가 기도입니다. 저는 아무 말도 하지 못한 첫 구두시험의 악몽 이후 제 부족함과 한계를 뼛속 깊이 느끼며 기도했습니다. 학교를 오가는 길에 있는 성당에 들러서 기도하고, 지하철에서도 묵주 기도를 계속했습니다.

"이 순간을 이기고 갈 수 있게 해주십시오."

"주님! 저 혼자의 힘으로는 도저히 공부를 마칠 수가 없습니다. 제게 협조자를 보내주시길 간절히 청합니다."

일주일에 총 24시간의 수업이 있었는데, 그 수업들을 소화하는 것뿐만 아니라 과제물까지 있어서 말 그대로 할 일이 태산이었습니다. 그런데 실력은 형편없으니 아침에 깨어나면 새로운 절망이 눈앞에 늘 같은 크기와 무게로 놓여 있었습니다. 어제 한 공부는 다 어디로 사라져버린 듯 기억이 나지 않았고요. 그처럼 절망적인 상황에서 제 노력이나 생각만으론 부족하다는 걸 뼈저리게 느꼈기에 그런 기도가 나온 것이었습니다. 기도하지 않고 걱정만 하거나 포기할까 말까 고민만 했다면 결국 그 부정적인 감정에 사로잡혀 중도에 포기하고 말았을 겁니다.

하느님이 보낸 협조자

기도와 함께 제가 했던 일은 학교 강의실 뒤쪽에 자리잡고 앉아 학우들을 관찰한 것입니다. 나를 도와줄 똑똑하고 공부 잘하는 친구는 누구일까? 적극적으로 질문하고 열심히 공부하는 사람이 누구지? 하지만 그런 친구를 발견했다고 해도 다가갈 용기가 나지 않았습니다. 그러던 어느 날 동기생 라우라가 저에게 다가와 시험공부를 했냐고 물었습니다.

"하긴 했는데 잘했는지는 모르겠어. 사실 너무 막막해."

"그래? 그럼 요점 정리한 노트를 갖고 와봐. 내가 도와줄게."

이탈리아의 변호사였던 라우라는 공부를 더 하기 위해서 라테란대학교에 왔습니다. 나중에 들은 이야기지만, 다른 사람과 어울리지 못하고 어딘가 주눅이 들어 있는 제가 안 돼 보여서 도와주고 싶었다고 합니다. 라우라는 이탈리아 친구들이 끊임없이 차별과 조롱 혹은 질시의 눈길을 보내 힘들어하는 제게 또 다른 이탈리아 사람의 모습을 보여주었습니다. 유학 시절 동안 저를 가장 많이 도와주고, 포기하지 않도록 용기를 준 친구입니다. 이 친구의 진심 어린 우정에서 나온 도움이 없었다면 저는 중간에 공부를 포기했을지도 모릅니다. 저는 그가 제 기도를 들어주신 하느님이 보낸 '협조자'라고 생각했습니다.

그도 그럴 것이 유럽의 친구들이 필기체로 쓴 노트는 정말 알아보기 힘들었는데, 라우라는 제가 잘 알아볼 수 있도록 정자로 다시 옮겨 적어주었습니다. 그게 쉽지 않은 일인 이유는 양이 많아지면 시간도 그만큼 걸리고 손도 아프기 때문입니다. 게다가 라우라는 반드시 외워야 할 것은 빨간색, 부연 설명은 파란색, 설명을 꼭 읽어야 하는 건 초록색, 평범한 내용은 검정색으로 구분해 하나하나 알아보기 쉽게 정리해주었습니다. 그 정도 정성은 보통의 노력으로는 할 수 없는 것이죠. 그걸 가지고도 공부를 못하겠다고 한다면 부끄러운 일이겠죠.

독일에서 온 토비아스도 제게 많은 도움을 주었습니다. 그들에게 도움을 받자 저도 뭔가 도움을 주고 싶었습니다. 그때 제겐 필살의 무기가 하나 있었습니다. 공부 잘하는 선배에게서 받은 이탈리아 학생의 고급 서머리가 그것입니다. 친구들과 그걸 공유하면서 우리 사이는 더 돈독해졌습니다.

라우라와 토비아스는 교수, 학생으로 역할을 나누어 저를 연습시켰습니다. 저는 공부한 내용을 통째로 외우며 완벽하게 익힐 때까지 반복했습니다. 그들은 친구이자 더할 수 없이 좋은 선생님이었습니다. 혼자 공부할 땐 용어를 정복하면서 개념을 잡고 이 친구들과 스터디를 하면서는 실전처럼 연습을 하다 보니, 2학기가 좀 지나면서부터는 수업을 따라갈 수 있게 되었고 친구들과 어울리는 것도 한결 수월해졌습니다.

근심은 마음을 무너뜨려

공부하는 노동자는 노동한 만큼의 임금을 보장 받지 못해 서글플 때가 많습니다. 공부의 결과가 늘 좋을 수는 없습니다. 잘 볼 때도 있지만 그렇지 못해 좌절하는 때가 더 많습니다. 어떤 기술은 그 기술을 배울 때까지 너무나 힘든 과정을 거쳐야 하지만 숙련되면 돈도 벌고 명성도 얻습니다. 그러나 공부는 모르는 걸 배워가는 과정만 있기 때문에 실패할 가능성이 크다는 점을 간과해선 안 됩니다. 하지만 어떤 경우에도 스스로를 탓하지 않고 포기하지 않으면 공부의 리듬이 생기며 하나의 매듭을 지을 수 있습니다.

수도회 소속 신학생으로 수련 생활을 할 때 부모님과 진정으로 화해하면서 저는 한 가지 배운 게 있습니다. 제가 부모님을 얼마나 힘들게 했는지를 객관적으로 바라보면서 제 부족한 부분을 직시할 수 있는 용기를 갖게 되었다는 점입니다. 그리고 거기에서 그치지 않고 제 자신을 위로하는 법도 알게 되었죠. 현실에 대한 불만과 불평만 안고 살아갈 때 가장 괴로운 사람은 바로 '나'라는 걸 긴 시간 뼈아프게 경험했기 때문에 가능한 일이었습니다. 저를 조금 더 사랑하고 아끼고 격려하기로 했습니다. 그로 인해 저 자신을 가엾고 불행한 사람으로 만들지 않고 스스로를 신뢰하며 돌볼 수 있었습니다.

유학을 하며 마주한 새로운 어려움은 이전에 겪지 못한 또 다른 두려움과 걱정거리를 가져다주었습니다. 과거의 우울했던 제 모습이 되살아나 스스로를 괴롭히나 싶었지만 '나를 믿어주자', '나 스스로 나를 불쌍한 사람으로 만들지 말자'라고 계속 다짐했습니다. 이런 노력이 결국 저를 일으킨다는 것을 알게 된 이후엔 크게 넘어져도 전보다 빨리 털고 일어날 수 있었습니다.

키케로는 〈아메리노의 로시를 대신하여pro S. Roscio Amerino〉에서 이렇게 말했습니다.

Mihi ausculta; vide, ne tibi desis.

미기 아우쿨타; 비데, 네 티비 데시스.

너는 내 말을 좀 듣고, 스스로 불리함을 초래하지 않도록 주의하라.

백해무익한 걱정은 시시각각 튀어나와 우리를 괴롭힙니다. '내가 공부를 잘하고 있는 걸까?', '왜 공부를 해도 성적이 오르지 않을까?', '나는 언제쯤 공부를 잘할 수 있을까?' 온갖 생각이 밀려옵니다. 중세의 학생들 역시 그런 괴로움에 시달렸는지 성경을 인용해 "내일이면 죽을 몸, 실컷 먹고 마시자Comedamus et bibamus, cras enim moriemur, 코메다무스 에트 비바무스, 크라스 에님 모리에무르"라고 말했다고 합니다(《구약성경》, 〈이사야서〉 22장 13절).

사실 몸을 가두어 공부하는 것보다 먹고 마시고 여럿이 어울리는 것이 인간 본성에 비춰볼 때 더 자연스러운 일이긴 합니다. 그러나 타인을 바꾸는 것보다, 또 주변 현실을 바꾸는 것보다 훨씬 쉬운 게 자신의 마음을 바꾸는 겁니다. 공부하는 여러분이 양치기라면 아무리 늑대가 배고프다고 울어도 밥을 주어서는 안 됩니다. 거침없이 자라서 힘이 세지면 우리 안으로 뛰어 들어와 양들을 잡아먹을 수 있기 때문입니다. 양치기는 양에게만 밥을 주어야 합니다. 당신의 내면에 있는 양은 무엇이며 늑대는 무엇입니까?

Perpetuis liquefiunt pectora curis. (Ovidius)

페르페투이스 리퀘피운트 펙토라 쿠리스. (오비디우스)

끝없는 근심으로 마음은 (서서히) 무너진다.

Vocem funestam amputari oportet potius quam audiri.

보쳄 푸네스탐 암푸타리 오포르테트 포티우스 콰 아우디리.

불길한 말은 듣기보다는 오히려 잘라버려야 한다.

8장

메마른 땅을 적시는 비

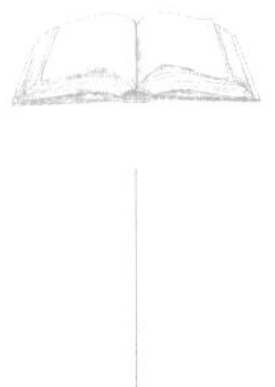

오랜 가뭄으로 인해 단단히 굳은 땅은 약간의 비로는 충분히 적실 수 없습니다. 그런 비는 표면만 적시다가 그대로 말라 버릴 겁니다. 대지를 충분히 적실 정도로 와야만 그 비가 개울이 되고 강이 되어 바다로 흘러갑니다. 저는 배운다는 것, 공부한다는 건 마치 '하늘에서 내리는 비Imber de caelo, 임베르 데 챌로'와 같다는 생각을 종종 합니다. 공부도 내 안에 얼마나 쌓이는지 알 수 없는 가운데, 좋은 성적을 내거나 스스로 실력이 향상되었음을 느낄 정도가 되려면 땅속까지 충분히 적시고 난 후 밖으로 흘러넘치는 빗물과 같아야 합니다.

그런 때가 오기까지 저도 공부가 정말 힘들었습니다. 로마에서 긴 시간 사전과 씨름하며 보낼 때가 특히 그랬는데, 사전을 찾지 않고도 수업을 따라갈 수 있게 되자 한시름을 놓게 되었죠. 이에 대해서는 여전히 논리적으로 완벽하게 설명하긴 어렵습니다. 공부한 게 다 어디로 갔나 싶게 답답하기만 했는데, 갈고닦은 언어 실력이 간절함을 만나 시너지 효과가 나타나면서 새로운 공부의 밑거름이 됐다고 추측하는 정도였죠.

언어뿐 아니라 오래전부터 이해가 잘 되지 않아도 그냥 읽었던 책들, 또 읽었지만 대부분 잊었다고 생각한 책들이 서서히 수면 위로 떠오르기 시작하는 걸 느꼈습니다. 역사, 철학, 신학 책에서 접한 수많은 개념들을 로마에서 공부하면서 만났을 때는, 어쩐지 이해할 수 없었던 젊은 날의 친구를 나이가 들어서 만나니 자연스럽게 이해하고 가까워지는 것 같은 느낌이었습니다. 용어도 몰라 쩔쩔매던 시간이 까마득하게 느껴지고, 여전히 실수는 이어졌지만 그래도 실력이 조금씩 쌓인다는 믿음이 생겨 그 시절을 견딜 수 있었습니다.

Non efficitur ut nunc studeat multum,

sed postea ad effectum veniet.

논 에피치투르 우트 눈크 스투데아트 물툼,

세드 포스테아 아드 에펙툼 베니에트.

지금 많이 공부해서 결과가 나타나지 않더라도, 언젠가는 빛을 보게 된다.

로마에서 석사 과정을 공부할 때 일주일에 24시간 수업을 받았습니다. 아침 8시 반부터 시작해서 1시까지 오전 수업은 매일 꽉 찼고, 어떤 날은 오후에도 수업이 있어서 수업만 들었을 뿐인데 파김치가 될 정도였죠. 시험 기간에는 어마어마한 분량을 공부해야 했는데, 사실 학기 시작과 동시에 기말시험을 준비해야만 마칠 수 있는 양이었죠.

국제법, 로마법, 민법, 의학법 등의 시민법 관련 과목과 교회법에 관련된 모든 과목은 구술시험으로 치러야 했습니다. 시험은 언제나 긴장되어서 제 차례를 기다리는 시간에는 몇 번이고 화장실을 들락거려야 했죠. 하지만 막상 그렇게 준비를 했어도 교수님 앞에서 제대로 답하지 못하고 나올 때는 제 자신이 몹시 한심하게 느껴졌습니다.

다행히도 친구 라우라의 강도 높은 트레이닝 덕분에 보고 또 보고, 외우고 또 외우면서 공부한 과목은 좋은 점수를 받을 수 있었습니다. 제게 은인과 다름없는 라우라는 신기하게도 저와 생년월일이 같았습니다. 정말이지 귀한 인연이지요.

친구들의 도움을 받으면서 전보다 확실히 공부에 탄력이 붙었습니다. 교수님들도 제게 "네 생각이 참 훌륭하다"고 자주 칭찬해주셨습니다. 물론 저는 모르는 걸 그냥 넘어가지는 않았습니다. 모르는 것은 모른다고 늘 솔직히 말했죠. 교수님 말씀을 이해하지 못하겠으면 90도로 허리를 굽혀 인사한 후 "내용을 적어주시면 감사겠습니다"라고 말하면 거의 모든 교수님들이 웃으며 종이에 수업 내용을 써주셨습니다. 이것이 제가 박사과정까지 빠르게 마칠 수 있었던 비결 중 하나이기도 합니다.

하지만 시간이 지날수록 시험에 대한 부담은 점점 더 커졌습니다. 그건 시험을 더 완벽하게 준비하고 싶은 제 마음 때문이었습니다. 처음으로 만점을 받은 날은 뛸 듯이 기뻤습니다. 그런데 두 번째도 만점을 받으니 기쁘면서도 약간의 근심이 몰려왔습니다. 그리고 세 번째에도 만점을 받자 계속 만점을 받아야겠다는 생각이 들면서 시험을 준비하는 몸과 마음이 훨씬 힘들어졌습니다. 아는 것이 없어 별 생각이 없을 때는 기대치도 낮았기 때문에 힘을 빼고 시험 준비를 할 수 있었지만, 뭔가 결과가 보이니 욕심이 생긴 것이었죠.

이런 마음은 누구라도 마찬가지일 거라고 생각합니다. 야구 선수가 무명일 때는 자신에게 크게 기대하는 사람도 없고 설령 실수를 한다 해도 전체 팀의 성적에 큰 영향을 미치지 않는다는 생각에 부담감이 적을 겁니다. 편한 마음으로 타석에 들어가니 안타든 홈런이든 기대 이상으로 치는 경우가 많죠. 그러다가 조금씩 실력이 향상되어 주목받는 선수가 되면 잘해야 한다는 부담감 때문에 슬럼프가 찾아옵니다. 톱클래스에 있는 선수들도 슬럼프에 빠지면 긴 시간 공백을 갖게 됩니다.

공부도 마찬가지입니다. 특히 대부분의 사람들이 공부를 잘해보겠다고 결심한 그 순간부터 완벽하게 잘하려고 하는 경향이 있는데, 실제로 그렇게 되기는 어렵습니다. 오히려 공부를 잘

해야 한다는 압박은 부담이 되어 쉽게 지치게 만들죠. 돌이켜 생각하니 저도 조금 힘을 뺐어야 했습니다. 긴 시간 공부를 하려는 사람들은 이 점을 염두에 두고 페이스 조절을 잘해야만 합니다.

좋은 스승을 만나다

몸에 잔뜩 힘을 주고 공부를 하면서도 시험은 뜻대로 되지 않아 생긴 해프닝이 있습니다. 훗날 제 논문의 지도 교수가 된 안드레스 교수님의 시험 시간이었습니다. 문제는 "명예훼손죄에 해당하는 10가지"를 말하는 것이었습니다. 저는 너무 긴장한 나머지 세 가지밖에 말하지 못했습니다.

"교수님, 이탈리아어로 기억이 안 납니다."

"그럼 영어로 말해보게."

영어로도 기억이 나지 않아 속이 새카맣게 타들어갔죠. 그러다가 불쑥 생각지도 못한 말이 제 입에서 나왔습니다.

"교수님, 저는 언어 공부를 누구보다 좋아해서 정말 열심히 공부했습니다. 하지만 새로운 말을 배울 때는 늘 좋은 표현을 배우려고 노력했지 '명예훼손'이니 '중상모략' '인격침해'니 이런 나쁜 말은 배우지 못했습니다."

무슨 용기로 그렇게 말했는지 저도 알 수 없었지만 이내 '아차' 싶었습니다. 그런데 잠시 후 안드레스 교수님은 껄껄 웃으며 이렇게 말했습니다.

"잘했다."

그러고는 놀랍게도 29점을 주셨습니다. 그 시험의 만점은 30점이었습니다.

라테란 대학교는 석사 시험의 경우 즉석에서 바로 채점해서 점수를 알려주는데, 저는 제 점수를 듣고 깜짝 놀랐습니다. 특이하고 당돌한 대답을 해서 상황을 모면하고 조금이라도 점수를 받아보겠다고 한 것은 아니었습니다. 이탈리아어든 영어든 정말이지 아무 생각이 안 나서 절망스러웠지만, 그래도 무슨 말이든 해야 할 것 같아 한 행동이었습니다. 시험 준비를 제대로 하지 않고 변명 같은 말을 늘어놓는 저에게 낙제점을 줘도 할 말이 없을 상황이었습니다. 교수님은 아마도 저에게 용기를 주려고 그러셨던 것 같습니다. 참스승이셨죠.

'동방교회법' 시험에서 아무 말도 하지 못하고 나왔음에도 외국인 학생이라는 이유로 어느 정도의 점수를 받은 것이 부끄럽고 속상했던 때와 다르게 제 마음은 감사함으로 가득했습니다. 그즈음 그래도 수업을 조금 따라가면서 여유를 찾았기 때문에 이런 마음도 들었다고 생각합니다. 그 후 안드레스 교수님의 '교회법학'은 제게 무엇보다 중요한 과목이 되어서 15분 동안의 구두시험을 완벽하게 준비하기 위해 더 분투하게 되었습니다.

"대답을 잘하는 걸 보니 법조문을 다 외운 건가?"

그러면 저는 기분이 좋아서 이렇게 대답했습니다.

"아닙니다. 오늘은 운이 좋게 아는 것만 물어보셨습니다."
"아주 잘했다!"
교수님은 웃으며 만점을 주셨습니다.

많은 분들이 제게 "변호사 시험은 어떻게 준비하셨어요? 시험은 어떻게 해야 잘 볼 수 있어요?"라고 묻곤 합니다. 저는 그럴 때마다 공부는 100퍼센트 준비한 가운데 20퍼센트를 발휘해서 좋은 성적을 받거나 시험에 합격하는 거라고 대답합니다. 100퍼센트 완벽하게 준비하면 어떤 부분에서 20퍼센트를 골라 문제를 내도 좋은 결과가 나오게 되어 있습니다. 그런데 우리는 60퍼센트 정도만 공부하고는 100퍼센트의 실력을 발휘할 수 있을 거라고 생각합니다. 이게 공부하는 사람들이 빠지기 쉬운 생각의 오류입니다. 어쩌다 좋은 결과를 낼 수는 있지만 계속 그런 일이 일어나기는 힘들고, 그런 패턴으로 공부하면 결국 좋은 결과를 얻기 어렵습니다. 공부가 힘든 이유이지요. 제가 공부의 양이 대지를 푹 적시고도 남아 흘러내리는 빗물과 같아야 한다고 말하는 것도 그 때문입니다.

제가 아무리 많은 준비를 해도 실제 강연에서 준비한 모든 걸 다 말하지는 못합니다. 그렇다고 준비를 소홀히 할 수는 없습니다. 준비를 많이 하고 내용을 충분히 파악해야만 핵심을 잘 전달할 수 있기 때문입니다. 시험도 마찬가지입니다. 내가 시험에 대비해 공부한 내용이 많다면 시험장에 들어가 준비한 것을 다

발휘하지 못한다 해도 그 시험을 통과할 수 있습니다. 그 틀을 만들어가는 과정이 바로 공부인 겁니다.

안드레스 교수님은 제가 나날이 성장하는 것을 보며 누구보다 흐뭇해하셨고, 매 순간 힘내서 공부할 수 있게 용기를 주고 관심과 지원을 아끼지 않으셨습니다. 가톨릭 신부이기도 한 교수님은 어느 날 당신이 기거하는 글라렛 수도원 주소를 적어주며 이렇게 말씀하셨습니다.

"공부하고 싶으면 여기 와서 하도록 해라."

저는 바로 그날 오후 1시에 수업이 끝나고 점심을 먹자마자 글라렛 수도원으로 달려갔습니다. 글라렛 수도원은 로마 전체가 내려다보이는 풍광이 몹시 좋은 곳에 있는데 내부가 몹시 깔끔하고 정갈하던 것이 아직도 생생합니다.

"교수님, 공부하러 왔습니다."

"이 친구야! 밥을 먹었으면 좀 쉬는 시간도 있어야지. 한 시간만 쉬고 오게."

사실 저는 너무나 좋아서 기다림 자체가 힘들었습니다. 조건 없이, 어떤 대가도 없이 저를 격려해주고 공부할 수 있는 환경을 마련해주는 분이 제 곁에 있다는 사실에 저는 가슴 벅차 올랐습니다.

한 시간 후 수도원으로 갔더니 교수님은 수도원 지하 도서관으로 저를 안내했습니다. 도서관에 들어선 저는 입을 다물 수가 없었습니다. 규모를 정확히 알 수 없었지만, 각종 신간, 단행본,

고문서 등 법학과 관련된 책들이 아주 잘 정리되어 있었습니다. 이곳의 수사 신부님들 대부분이 대학교수였기 때문에 지도했던 학생들의 논문도 있었죠. 그 순간 청소년기에 저를 사로잡았던 친구 형의 방에 들어설 때의 그 느낌이 다시 밀려와서 한참 동안 마음을 진정시켜야 했습니다.

이탈리아에서 유학을 하면서 좋았던 건 도서관 시스템이 정말 잘 갖춰져 있다는 점이었습니다. 워낙 법학을 비롯한 많은 학문이 일찍부터 발전한 유서 깊은 나라인 까닭에 도서관에 가면 필요한 관련 자료나 고문서들을 잔뜩 찾을 수 있습니다. 한국에서 공부하기 어렵다고 느낀 경우는 필요한 자료가 부족했을 때인데, 자료의 양에 따라 논문의 질이 크게 달라질 수밖에 없기 때문입니다. 책 10권을 읽은 사람과 100권을 읽은 사람의 논문은 서로 확연히 다르겠죠.

저는 개인적으로 우리나라 대학 도서관이 좀더 학문에 필요한 책, 전공 수업에 필요한 전문 서적이나 자료를 지금보다 풍부하게 갖추었으면 합니다. 지금 여러분이 읽고 있는 이 책은 대학 도서관엔 있을 필요가 없는 책입니다. 개인이 관심을 갖고 있는 책은 직접 사서 보면 되고, 대학 도서관은 학문을 탐구하는 데 필요한 책 중심으로 국내는 물론이고 해외에서 간행된 책도 많이 구비해놓아야 합니다.

저는 글라렛 수도원 도서관에서 정말 큰 행복을 느꼈습니다. 비록 하루에 세 시간뿐이었지만 그 많은 책들이 온전히 제 것이 되는 경험은 정말 황홀한 일이었죠. 안드레스 교수님은 도서관에서 제가 공부하는 걸 자주 살피셨는데, 제게 필요한 책이나 자료를 뽑아서 건네주시기도 하고 리포트를 쓸 땐 직접 봐주시기도 했습니다. 제 평생 그런 호사를 언제 또 누려볼까 싶을 정도입니다. 형법 과목 리포트를 쓸 때도 교수님이 큰 힘이 되어 주셨죠. 정말 기쁜 마음으로 열심히 과제를 했던 걸 아직도 기억합니다. 이탈리아 친구들은 이런 고급 자료들을 어디서 구했냐고 물으며 저를 부러워했었죠.

시험 때마다 글라렛 수도원 도서관을 찾아갔는데, 일반적인 라틴어 사전에는 없는 라틴어도 그곳에 있는 사전에서는 찾을 수 있었습니다. 때로 그 사전을 가지고도 단어를 찾지 못해 애를 먹고 있으면 70대의 연로한 안드레스 교수님은 "이런 것은 찾기 어렵지" 하시면서 라틴어 단어를 직접 다 찾아주셨습니다.

안드레스 교수님은 유학 시절 제 스승이자 가족과 같은 분이었습니다. 건강이 나빴던 저에게 늘 "사무엘, 너무 무리하지 말아라"라고 말씀하셨습니다. 학생에게 지식을 주는 것뿐 아니라 학생 스스로 자존감을 높이도록 돕고, 그 결과 잠재력을 발휘할 수 있도록 하는 최고의 스승이셨습니다. 저는 긴 시간 공부하면서 공부에 대한 강한 열망이 있는 사람 앞엔 이런 귀한 스승이 한 분쯤 나타난다고 믿게 되었습니다.

공부란 나만의 악보를 써내려가는 일

그렇게 매일 3시부터 6시까지 글라렛 수도원에서 공부한 후, 레판토 역 근처에 있는 레오니아노 기숙사 성당에서 저녁 기도를 드렸습니다. 아침에는 라테란 대학교 성전 내 경당에서 미사를 참례하고 학교에 갔는데 그럴 시간이 없으면 경당[8]에서 무릎을 꿇고 간절히 기도하는 것만은 빼먹지 않았습니다.

'꼭 이 순간을 이겨낼 수 있게 해주십시오.'

어떤 분야든 그 길을 계속 가고자 할 경우 공부는 피할 수 없는 과정이며 누구나 겪는 어려움일 것입니다. 터널 안에서 달려야 하는 겁니다. 하지만 이따금 터널을 빠져나오기도 합니다. 공부에 탄력이 붙는다는 느낌이 들 때가 그렇습니다. 그리고 좋은 선생님을 만나 응원을 받을 때가 그렇습니다. 언제든 다시 터널로 들어가고 또 다른 한계에 부딪힐 수 있지만 그동안 몸에 쌓인 공부는 그 사람을 저버리지 않습니다.

유대민족은 한곳에 머물지 못하고 떠돌던 지난 역사를 통해 누군가에게 빼앗기지 않고 지니고 있을 수 있는 유일한 건 공부밖에 없다고 생각했기 때문에 유달리 공부에 힘썼습니다. 그들은 아무에게도 빼앗기지 않고 사라지지도 않는 지식과 지혜를 민족 재건의 기초로 삼았습니다. 몸과 머리에 저장된 건 언젠가 훌륭히 꽃을 피웁니다. 하늘에서 내리는 비는 메마른 땅을 적실 시간이 필요하고 대지를 충분히 적신 후에는 강과 바다에 이를 것입니다.

10대와 20대는 공부를 해도 앞날이 불확실한 까닭에 더욱 좌절하기 쉽습니다. 이럴 때마다 스스로를 어떻게 대해야 할까요? 어떤 말로 위로해야 할까요? 어떤 말로 자신을 위로해야 그 상황에서 버틸 수 있을까요? 힘든 순간엔 남을 탓하기 쉽지만 아무리 남을 원망하고 욕하고 화내도 달라지는 건 아무것도 없습니다. 해결을 위한 열쇠는 오로지 자신만이 가지고 있습니다. 끊임없이 자기 자신을 위로하고 존중해야 합니다. 자신이 해낼 수 있게 용기를 북돋아주는 사람이 결국 끝까지 갑니다. 저는 좌절할 때마다 이렇게 저 자신을 위로했습니다.

> Qui se ipsum norit(noverit), aliquid se habere sentiet divinum.
>
> 퀴 세 입숨 노리트(노베리트), 알리퀴트 세 하베레 센티에트 디비눔.
>
> **스스로를 아는 사람이라면 자신이 신성한 무엇을 간직하고 있음을 느끼리라.**

세상 사람들, 심지어 가족이나 친구까지 나의 꿈을 응원해주지 않고 평가 절하할 때, 제대로 응원을 받지 못하고 부정적인 평가에 시달릴 때도, 나는 '내 안에 신성한 무엇이 있다'고 생각했습니다. 그렇게 생각했기에 《라틴어 수업》에서 말씀드린 '것처럼 "우리는 자신에, 또 무엇인가에 '숨마 쿰 라우데Summa cum Laude'입니다"라는 표현을 하게 된 것입니다.

라테란대학 재학 시절 매일 아침 들러 기도한 경당.

'숨마 쿰 라우데'는 유럽 대학의 성적 평가에 쓰이는 표현으로, '최우등'이라는 뜻입니다. 그것은 타인과 견주었을 때 가장 우수하다는 뜻이라기보다는 자신이 지금까지 거둔 성적 중 가장 우수한 것이라는 뜻입니다. 공부는 타인에 의해 성적이라는 것으로 평가를 받지만 결국 그것이 의미하는 바는 자신이 어제보다 얼마만큼 더 성장했는지를 보여주는 가늠자라 할 수 있습니다. 설령 아직까지 '숨마 쿰 라우데'를 받지 못했다 해도 공부하는 우리들은 스스로 '나는 잘났다, 나는 천재다'라고 생각하면서 공부에 매진해야 합니다. 이는 남들에게 자랑하기 위한 것이 아니라, 스스로에게 끊임없이 할 수 있다고 용기를 북돋아주기 위한 것입니다. 그러다 보면 천재를 넘어 '슈퍼 지니어스'가 되고 어느 순간 '울트라 슈퍼 지니어스'가 될 수도 있습니다.

하지만 밤에 잠자리에 들 때면 겸손하게 나의 부족한 부분을 살펴야 합니다. 부족함을 탓하는 것이 아니라 그를 통해 내 안에 있는 신성함을 발견하기 위해서입니다. 내 안에 있는 신성함을 찾아가는 과정은 무엇일까요? 그것은 겸손하게 배우려는 자세입니다. 공부하는 사람이 진리를 탐구하며 그 안에서 자신이 해야 할 일을 찾아가는 과정은 인간이 자신이 가진 신성함을 드러내는 일이라 생각합니다.

어떤 의사 선생님이 했던 이야기가 떠오릅니다. 위중한 환자가 회복하기 힘든 상황임에도 어느 순간 뚜렷한 회복세를 보이는 경우가 있는데, 의사 선생님은 환자가 살고자 하는 의지를 갖고 있었기에 상태가 나아진 것이라고 보셨습니다. 그런데 저는 의사가 환자를 포기하지 않은 것도 한 가지 이유일 것이라고 생각합니다. 물론 어떤 것이 이유든 간에 양쪽 모두 포기하지 않았기 때문에 살 수 있었던 건 분명한 거겠죠.

공부의 영적인 부분에 대해 말하고 싶지만 늘 어휘의 부족을 느낍니다. 이렇게 말하면 종교인의 설교라고 생각하실 수도 있지만, 인간이 하나의 작은 우주이고 영적인 부분을 가지고 있는 존재라는 사실을 부인할 수는 없습니다. 우리의 몸, 머리와 가슴에서 어떤 일이 일어나는지 우리는 알 수 없습니다. 때로 인간이 하기 어려운 위대한 결정을 하는 힘, 인간 한계 너머의 일을 성취한 사람의 강력한 힘 속에서 그 위대한 영을 느낍니다. 누구나 그런 영을 갖고 있습니다. 다만 그 영이 늘 깨어 있도록 자극을 주어야 합니다. 공부는 어떤 놀라운 일이라도 해낼 수 있는 영을 늘 깨어 있도록 하고 준비를 시키는 좋은 방법이 아닐까 합니다.

만일 신이 존재한다면 모든 사람에게 각자가 연주할 악보를 하나씩은 주었을 것입니다. 우리는 어떤 배움을 통해 각자에게 주어진 악보를 연주하고 있는 셈입니다. 그 악보를 연주할 악기는 다 다를 수 있습니다. 지금 하고 있는 공부가 힘들고, 나 자신이 잘하고 있는지 의심스럽다면 스스로 어떤 신성함을 갖고 있는지 생각해봐야 합니다. 또 나만이 연주할 수 있는 악보는 무엇일지도요. 누군가가 그려준 악보를 연주하는 것도 힘든데, 스스로 악보를 쓰고 연주까지 하는 것은 쉬운 일이 아니겠죠? 그래

로마 산타고스티노
광장에 위치한
안젤리카 도서관.

서 우리는 공부가 힘들다는 사실을 다 알고 있습니다. 그런데 그냥 말만 하는 데 그친다면 우리의 인생은 서글프기만 할 겁니다.

Nascimur in mærore, vivimus in labore, morimur in dolore.

나쉬무르 인 매로레, 비비무스 인 라보레, 모리무르 인 돌로레.

우리는 울며 태어나서, 고생하며 살다가, 슬픔 속에 죽는다.

'보람 없게 하다'라는 의미의 라틴어 동사 '푸루스토르frustor'는 '속이다, 우롱하다, 누구의 기대를 어기다'라는 뜻을 갖고 있습니다. 보람 없게 하는 건 어쩌면 끊임없이 자신을 속이는 행위이자 자신의 기대를 어기는 일일 수도 있습니다. 이것보다는 "시작한 일은 하나도 헛되지 않았다Incéptum nullum frustra erat, 인쳅툼 눌룸 프루스트라 에라트"라고 말할 수 있도록 해야 합니다.

12세기 유럽의 수도사이며 사상가였던 성 빅토르의 휴Hugh of St. Victor는 《독서열에 대한 교훈Didascalicon de studio legendi》에서 이렇게 말합니다.

Omnia disce, videbis postea nihil esse superfluum.

옴니아 디쉐, 비데비스 포스테아 니힐 에쎄 수페르플루움.

모든 것을 배우도록 하라. 나중에는 그 어떤 것도 소용없지 않다는 것을 깨닫게 될 것이다.

— 교훈Didascalicon 6. 3, 115.

'애쓴 보람이 있는 일을 하다operae pretium facere'라고 말하기 위해서는 힘들더라도 자신의 신성함과 자신만의 악보를 찾아야 합니다. 공부라는 도구를 통해서요. 물론 쉽지 않은 일입니다. 그래도 살아간다는 것은 이런 주어진 일을 하는 과정이라고 생각합니다. 그래서 우리는 지금 공부를 하면서 나만의 악보를 써 내려가야 합니다. 하늘에서 내리는 비가 충분히 대지를 적신 후 하늘로 올라가는 것처럼, 나의 공부라는 노고도 그렇게 승화할 수 있기를 기대해보는 겁니다.

여러분에게 묻습니다.

지금 여러분은 공부를 하면서 어떤 악보를
써 내려가고 있나요?
하늘에서 내리는 비를 얼마만큼 받아 넘치게 할
준비를 하고 있습니까?

Nil volitum nisi cognitum.

닐 볼리툼 니시 코니툼.

인식하지 않은 것을 원할 수 없다.

9장

우리는 모두
자기 운명의 목수

라틴어에 '포르투나fortuna'라는 말이 있습니다. '포르투나'는 고대 로마의 운명의 여신으로, 여기에서 '운', '행운'이라는 뜻이 나왔습니다. 공부는 어찌 생각하면 도박이고 운이라 할 수 있습니다. 고개를 갸우뚱하시는 분이 있으시겠죠? 공부는 희미한 가능성만으로 뭔가를 결정해야 하는 점에서 '도박'에 가깝고, 한편으로 다가오는 운을 받아들일 준비를 하는 과정이라 할 수도 있기 때문입니다. 그런데 대부분의 사람들은 도박에 가까운 결정도, 찾아올 운에 대한 대비도 하지 않습니다. 처음부터 확실한 길만 가겠다는 불가능한 꿈을 꾸거나, 적당히 노력해서 좋은 결과를 얻으려고 합니다.

공부에 대한 결과가 어떻게 될지 누구도 알 수 없습니다. 그냥 해야겠다는 생각이 들고 하고 싶기 때문에 시작하는 것입니다. 제가 강의실에서 학생들에게 자기 마음속의 희미한 아지랑이를 보라고 했던 건 이 때문입니다. 희미한 가능성에 자기 확신을 계속 불어넣는 연습이 필요한데, 그건 나를 속이지 않고 냉정하게 보는 데서 출발해야 하기 때문입니다. 확실한 것은 아무것도 없지만, 확실해서 선택하라는 것이 아닙니다. 이것을 하고 나면 딱 저것이 주어지는 그런 삶은 없습니다. 계속 희미하고 알 수 없는 상태지요. 그 희미함 속을 더듬더듬 걸어가며 계속 가능성을 부여하고, 해낼 수 있다고 스스로에게 끊임없이 믿음을 주는 건 공부하는 사람이 가장 중요하게 여겨야 하는 일입니다.

제가 석사 학위 과정에서 민법 시험을 볼 때의 일입니다. 민법은 분량이 어마어마하기 때문에 공부하고 외워야 할 내용들도 너무 많아서 성실하게 시험 준비를 한다고 해도 완벽을 기하기가 어려운 과목 중 하나입니다. 머릿속에 그 많은 민법을 강제로 우겨넣는 건 불가능하다고 판단한 어느 순간 체념하며 마음 한 자락을 접었습니다. '안 돼. 도저히 할 수 없어. 내가 아무리 암기력이 좋다고 해도 이 많은 걸 다 외울 수는 없어.' 저는 시험에 나올 만한 문제를 찍어서 그것만 공부했습니다. 그리고 먼저 구두시험을 치르고 나온 친구들에게 "교수님이 어떤 걸 물어봤어?" 하고 물으며 공부한 데서 나온 것인지 확인했습니다. 그리고 제발 내가 공부한 부분에서 문제가 나오길 기도하며 교수님의 연구실로 들어갔습니다.

로마에선 시험을 보러 교수 연구실에 들어가면 일단 교수님에게 학생증을 드립니다. 제가 학교를 다닐 때만 해도 학생증이 부채를 접듯이 긴 종이가 여러 번 접혀 있는 형태였습니다. 표지라 할 수 있는 맨 위엔 사진이 붙어 있고 그 옆에 학생의 이름, 생년월일, 국적이 표기되어 있습니다. 그 다음 페이지부터는 줄이 쳐진 칸이 있고, 거기에 시험을 본 날짜, 과목, 시험 점수, 교수 사인이 이어집니다. 학생증인 동시에 적나라한 성적표라고 할 수 있죠. 한 학기가 지나고 나면 그동안 자신이 본 시험의 결과가 학생증에 다 표시됩니다. 교수님들은 그 학생이 어떤 과목에서 몇 점을 받았는지뿐만 아니라 전체적으로 공부를 어떻게 하고 있는지 다 알 수 있는 것이죠.

학생증을 받으면 교수님은 날짜를 쓰고 과목명을 쓴 뒤 학생에게 질문을 하기 시작합니다. 그때 교수님이 저에게 첫 번째 질문을 던지셨는데, 공교롭게도 제가 전혀 준비하지 않은 내용이었습니다. 머릿속이 하얘지면서 아무것도 생각이 나지 않았습니다. '이 시간을 어떻게 버텨야 하지? 어떻게 넘어가지?' 그런 생각을 하며 초조하게 시간을 보내고 있는데 선생님이 제 성적을 훑어보시더니 이렇게 말씀하셨습니다.

"자넨 늘 성적이 좋았는데 오늘은 당황했나 보군. 그럼 내가 문제를 바꿔주지."

그리고 교수님이 저에게 다른 문제를 내주셨습니다. 그 문제는 천만다행으로 제가 공부한 내용이었습니다. 저는 망설임 없

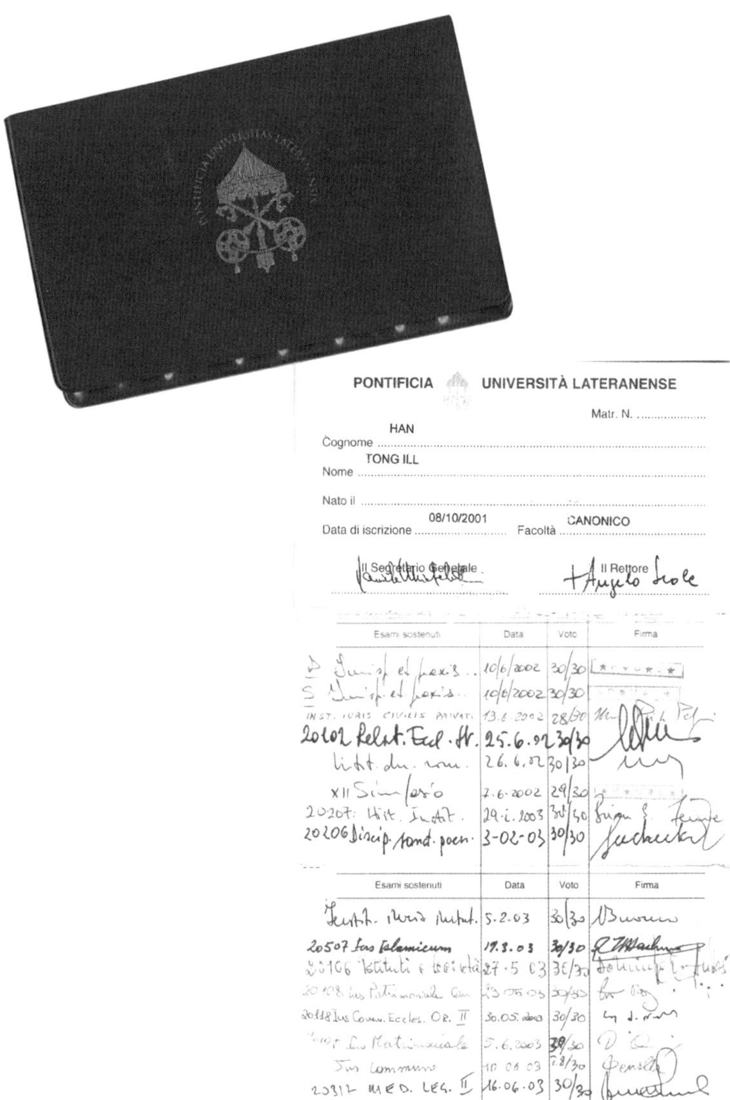

PONTIFICIA UNIVERSITÀ LATERANENSE

Matr. N. ....

Cognome HAN

Nome TONG ILL

Nato il ....

Data di iscrizione 08/10/2001 Facoltà CANONICO

Il Segretario Generale Il Rettore

Esami sostenuti	Data	Voto	Firma

Esami sostenuti	Data	Voto	Firma

라테란대학의 학생증.

이 준비된 대답을 해나갔습니다. 그랬더니 교수님은 "역시! 그럼 그렇지"라고 말씀하시며, 학생증에 '30/30'이라고 쓰셨습니다.

Ecquis vivit hodie fortunatus sicut me?

엑퀴스 비비트 호디에 포르투나투스 시쿠트 메?

오늘 나만큼 운 좋은 사람은 도대체 누구일까?

제가 치른 시험 역사상 가장 운수 좋았던 그날, 학교에서 기숙사로 돌아오는 오후를 아직도 잊을 수 없습니다. 속도도 제대로 못 내는 중고 스쿠터를 타고 콜로세움을 지나 로마 시내의 돌길을 달리는데, 마치 전쟁에서 이기고 돌아온 장군이 행진하는 것만 같은 짜릿한 기분이었습니다.

이런 운 좋은 결과는 어디에서 왔을까요? 교수님이 제가 앞서 공부했던 결과들을 보아주셨기 때문입니다. 그 당시 저는 여러 과목에서 고르게 성적이 좋았습니다. 지금도 그 학생증을 간직하고 있습니다. 교수님은 열심히 공부한 결과를 보고 저라는 학생을 믿어주신 거였죠.

생의 한 줄

인간은 행운이 찾아오도록 늘 준비하고 노력하는 존재입니다. 이것을 종교에서는 '은총' 혹은 '은혜'라고 말합니다. 우리는 주변에서 이상하게 운이 좋은 사람을 만날 수 있습니다. "쟤는 운이 참 좋아. 어쩜 저렇게 재수가 좋냐!" 이런 말을 할 때가 있는데, 그 사람은 우리 모르게 행운이 찾아오도록 준비하고 노력했을 겁니다. 노력하는 것과는 별개로, 다른 사람들이 들인 노력까지 알아봐줄 수 있는 사람이 되어야 합니다. 운은 미리 생각하는 사람에게 생기는 것이 아니라, 전혀 염두에 두지 않고 자기 에너지를 모두 써서 온힘을 다한 사람에게 선물처럼 찾아오는 것입니다.

학교에 있을 때 졸업을 앞둔 많은 학생들이 저에게 자기소개서를 가지고 왔습니다. 사실 그 나이대의 청년들이 쓸 내용이 얼마나 있을까요? 별로 없으니까 뭐든 자기가 한 일을 기억해내서 정성스럽게 써냅니다. 실제로 기업에 지원을 하면 그 많은 자기소개서들을 보지도 않고 폐기한다고 하지만 그래도 저는 학생들에게 "이것밖에 없니?"라고 말할 수가 없었습니다. 그 친구가 그 한 줄을 쓰기 위해 얼마나 노력했을지를 알기 때문입니다. 우리는 누군가의 한 줄에 숨어 있는 노력을 볼 줄 알아야 합니다.

제 이력 중 한 줄에는 '10개월 만에 박사학위를 취득했다'라는 내용이 있습니다. 많은 분들이 '10개월'이라는 절대적인 시간을 보지만, 이건 그 이전의 시간을 봐야 하는 '한 줄'입니다. 사람들은 보통 석사 과정을 마친 후에 박사 과정의 논문을 준비하지만, 저는 석사 과정 중에 박사 논문까지 준비했습니다. 좀더 정확히 말하면 유학을 떠나기 전부터 박사논문 주제를 고민했습니다. 저는 교회 공동체의 지원 덕분에 유학할 수 있었기에 늘 한시라도 빨리 공부를 마쳐야 한다고 생각했습니다. 여행도 좀 다니고 몸도 돌보며 쉬엄쉬엄 할 수도 있었지만, 빨리 마쳐야 할 의무와 책임이 있다고 생각하니 나태해지거나 여유를 부릴 생각을 못했습니다. 이것이 박사 과정을 빨리 마치는 데는 분명 약이 되었을 겁니다.

안드레스 교수님은 석사도 졸업하기 전에 박사 논문을 고민하는 학생은 처음 본다고 하셨는데, 그분이 제 지도교수가 아니었더라면 아마 불가능한 일이었을 겁니다. 교수님은 제가 가장 잘할 수 있는 것을 선택하도록 지도해주셨는데, '쓸 수 있는 것'과 '쓸 수 없는 것'을 알려주시면 '쓸 수 없는 것'은 빨리 포기했습니다. 그리고 그분의 뜻을 충실하게 따르며 논문을 준비해나갔습니다.

논문을 쓸 때 제일 중요한 건 '어떤 언어로 논문을 작성할 것인가?'입니다. 이를 위해선 작성할 논문의 주요 참고 자료가 어떤 언어로 되어 있는지를 살펴봐야 합니다. 쉽게 자료를 정리하고 취합할 수 있는 언어를 선택하는 것이 중요한데, 아무리 프랑스어로 된 자료가 많아도 본인이 프랑스어를 잘 못하면 논문을 작성하는 데 엄청난 수고와 어려움이 있습니다. 저는 그래도 어느 정도는 구사할 수 있는 언어인 라틴어, 영어, 이탈리아어 중에서 최종적으로 이탈리아어를 선택했습니다.

언어를 선택한 후엔 그 언어의 범위 안에서 고를 수 있는 주제가 무엇인지 찾기 위해 고민했습니다. 그리고 자주 해당 과목의 교수님과 그 주제의 가치, 논문으로 전개할 수 있는 가능성, 나아가 박사학위 논문으로의 연계 가능성을 의논했습니다. 제가 생각하는 주제가 너무 이상적이고 난해해서 피식 웃는 교수님도 있었고, 때론 잠시 스쳐가는 저의 생각에도 대답을 해주는 교수님도 있었는데, 어떤 의견이든 모두 경청하고 꼼꼼하게 메모해서 분석했습니다.

그런 과정을 거쳐 석사학위 논문 주제를 선택했고, 지도교수님은 이후 박사과정과 연계해서 연구해도 좋다고 하셨습니다. 저는 기사 하나도 허투루 보는 법 없이 꼼꼼히 읽은 후 그것이 논문과 관계된 자료면 모두 모아둔 까닭에 엄청난 양의 자료를 갖게 됐습니다. 그리고 그 덕분에 석사 과정이 끝나고 박사 과정에 들어섰을 때 이미 박사학위 논문의 주제와 목차가 완성되어 있었습니다.

박사학위 논문을 제출하면 제출한 부분에 대해 지도교수가 수정 사항을 지적해주는데 그 내용이 잘 이해가 되지 않을 경우 솔직히 이해하지 못하겠다고 말씀드렸습니다. 어떨 땐 여러 번 설명을 들어도 이해가 안 돼서 아예 종이에 써달라고 했지요.

'굳이 써줘야 하나?' 하는 표정으로 지도교수가 써주신 내용을 분석해서 저는 하나하나 고쳐나갔습니다. 제가 수정 사항을 잘 이해하고 고쳐 제출하자, 이후부터 교수님은 저를 더 깊이 신뢰를 하는 것 같았습니다. 논문은 그렇게 마무리가 되었습니다.

사실 처음엔 논문 발표 시기를 대략 박사 과정 2년차 정도 때로 생각했는데, 안드레스 교수님의 생각은 달랐습니다.

"빨리 마칠 수 있는 능력, 그것도 매우 귀한 학문적 능력입니다. 시간을 끌 이유가 없으니 박사 과정 1년차에 그대로 발표해요."

그 말씀을 듣고 저는 굉장히 당황했습니다. 논문을 발표하려면 논문 준비뿐 아니라 사무적인 것들, 학교에 각종 서류를 제출해야 하고 발표 후의 행사 계획을 짜는 등 고려해야 할 것이 많기 때문입니다. 하지만 저는 교수님의 추천으로 박사 과정 8개월째에 접어들 무렵 논문을 제출하고 9개월째 발표, 10개월이 되었을 때 최종 논문을 제출했습니다. 제 논문은 교수들의 만장일치로 만점을 받았고, 최종 출간이 결정되었죠. 독창성과 논리성, 학문적 성과 등을 고려해 교수 회의에서 논문을 부분 출판할지 전체 출판할지를 결정하는데, 제 논문은 전체적으로 독창적이라는 평가를 받았고, 전체 출판을 허락받는 아주 드문 성과를 거뒀습니다.

이렇게 글로 써놓고 보니 간단해 보이는데, 저는 그때 평생 써야 할 에너지를 다 소진한 느낌이었습니다. 에너지가 완전히 고갈된 상태, 내 영혼이 바닥을 드러낸 느낌이 들 정도로 몸도 마음도 극도로 지쳐 있었습니다. 그 어떤 긍정적인 감정으로도 바닥난 에너지를 끌어올릴 수 없는 상태였는데 그동안 공부한다고 나를 너무 혹사했나 싶었고 이러다 오래 못 살 것 같다는 생각마저 들었습니다.

행운을 부르는 법

행운이 찾아오도록 준비하는 가장 좋은 방법은 사람마다 다릅니다. 나는 어떤 행운이 찾아오기를 바라는가? 그것을 위해서 어떤 준비를 할 것인가? 그것이 바로 자기 삶의 시작입니다. 저는 공부를 통해 준비했던 것입니다. 야구선수가 꿈이었던 적도 있었습니다. 공부를 좋아하지 않았고, 성적도 좋지 않았죠. 그러나 제가 저만의 삶을 만들어갈 수 있는 방법을 고민하고 고민한 끝에 낸 마지막 결론은 아이러니하게도 공부였습니다.

스스로 선택해서 가는 길인데도 늘 의심하고 회의하게 됩니다. 이 길을 잘 가고 있는 것인지, 끝까지 해낼 수 있을지, 공부는 제대로 하고 있는 건지 하는 생각들이 지긋지긋할 정도로 찾아옵니다. 그리고 속절없이 흔들리는 순간도 있습니다.

의심과 회의가 드는 것은 당연한 일입니다. 어떻게 흔들리지 않을 수 있겠습니까? 자연 속의 나무도, 인생의 바람 앞에 선 사람도 그렇습니다. 이 세상에 흔들리지 않는 건 없습니다. 단, 흔들리되 쪼개져서는 안 됩니다. 만약 여러분이 무언가에 의해 흔들리고 방황하고 있다면 '나는 정상이다'라고 생각하고 안심하셔도 됩니다. 다만 그 가운데에서 "나는 내 길을 어떻게 가야 할까? 어떤 힘으로 가야 할까?"라는 물음을 던져야 합니다.

저는 지금도 제 자신에게 그 질문을 던집니다. 저는 밤이 되면 어떻게 살아가야 하는지를 고민합니다. 흔들리는 날들도 여전합니다. 다만 저는 어릴 때부터 본능적으로 녹록치 않은 이 세계에서 살아남기 위해 끊임없이 스스로 동기를 부여하고 자존감을 높이려 애를 써왔습니다. 그래서 제 사명은 지식을 전하는 사람에 머무르지 않고, 사람들에게 스스로 성찰하고 나아갈 수 있는 힘을 주는 것이라고 생각합니다.

Homo quisque faber ipse fortunae suae.

호모 퀴스퀘 파베르 입세 포르투내 수애.

각자가 자기 운명의 목수이다.

기원전 4세기 무렵 로마의 정치가였던 아피우스 클라우디우스 채쿠스Appius Claudius Caecus의 금언집에 있는 문구입니다. 라틴어로 '카이쿠스'는 '장님, 소경'이라는 뜻인데 이름에 이러한 명칭이 붙은 것은 그가 장님이었기 때문입니다. 흥미로운 건 채쿠스가 세계 최초의 고속도로인 아피아가도Via Appia와 수도교Aquae

Ductus를 건설한 인물이라는 점입니다. 비슷한 의미의 "운명을 만드는 사람은 바로 자신이다Faber est suae quisque fortunae, 파베르 에스트 수애 퀴스퀘 포르투내"라는 금언도 있습니다. 우리처럼 고대 로마인들도 일상에서 자주 운을 논하고, 운을 탓했던 것 같습니다. 라틴어에는 운과 관련된 표현이 꽤 많습니다. 그중 몇 가지를 소개합니다.

Audaces fortuna juvat.

아우다체스 포르투나 유바트.

행운은 용기 있는 자들을 돕는다.

Audaces fortuna juvat timidosque repellit.

아우다체스 포르투나 유바트 티미도스퀘 레펠리트.

행운은 과감한 사람들을 돕고 겁 많은 사람들을 멀리한다.

길지 않은 인생을 살아왔지만 지나간 시간을 돌이켜보면 모든 게 운이었던 것 같습니다. 학교를 선택하고, 시험에 붙고, 유학을 간 그 모든 것들이요. 불가능한 일들이었고 제 힘이 아니었다는 생각이 듭니다. 저는 단지 행운이 찾아오도록 준비했을 뿐입니다. 모든 것이 운으로 결정되는 듯하지만 모든 것을 운 탓으로 돌릴 수는 없습니다. 그건 앞에서도 말했지만 '도둑놈 심보'입니다. 공정함은 사회적 시스템뿐만 아니라 개인의 마음에도

세계 최초의 고속도로 아피아가도.

있어야 하는 것이죠.

그런데 인생이 어디 그런가요? 인간의 삶에 대해서는 수없이 많은 정의가 있습니다만, 저는 사람이 "완성되어 끝나는 것이 아니라, 소모되어 끝나는 것입니다Sed non finiris quasi perficiaris, sed finiris ut consumaris, 세드 논 피니리스 콰시 페르피치아리스, 세드 피니리스 우트 콘숨마리스"[9]라는 말에 고개를 끄덕일 때가 많습니다.

인생의 마지막에는 필연적으로 죽음이 기다리고 있죠. 저는 이렇게 생각합니다. 죽음은 삶의 완성이 아니라 그저 한 생명체의 모든 기능이 완전히 소모되어 끝나는 것뿐이라고.

인간은 태어나는 순간부터 타인의 손을 빌리고 죽을 때도 타인에게 의지해 생을 마감합니다. 저는 가끔 누구의 손도 거치지 않고 생을 조용히 마감하고 사라졌으면 좋겠다는 생각을 하는데 이를 실행할 좋은 방법을 아직까지는 찾지 못했습니다. 사실 불가능한 꿈이죠. 인간은 궁극적으로 타인에게 의존해야 하는 존재입니다. 인간은 세상에 태어난 순간부터 '이미' 죽음을 향한 발걸음을 시작하고, '오늘'이라는 시간은 '아직' 죽음에 이르지 않은 시간일 뿐입니다. '이미iam'와 '아직adhuc' 사이에서 '삶'을 살아가는 인간은 죽기 전에 모든 것을 소모하려 합니다. 사랑도, 사람도, 지식과 지혜도, 자연도, 모두 완성이 아닌 소모하려 합니다.

구약성경에서는 '죽음'을 '인간이 생활하던 자리를 떠난 것'이라는 의미의 '셔올שְׁאוֹל'이라는 단어를 썼습니다. '어둠, 죽은 자가 우울한 나라로 옮겨감'이라는 뜻입니다.[10] 이렇게 인간이 완성하기보다 모든 것을 소모하려 한다면, 죽은 자들의 세계에서가 아니라 이미 산 사람의 세계에서 우울한 나라로 옮겨가게 될 것입니다.

죽음 뒤에 어떤 세계가 있는지 혹은 없는지 알 수 없지만, 받아들이기 쉬운 일은 아닙니다. 저를 포함해 많은 사람들이 죽음을 두려워합니다. 그러나 언젠가는 죽어야 할 인간, 그 인간이 죽음에 이르러 자신의 운을 탓한다면 어떨까요? 그리 유쾌한 일은 아닐 것입니다. 운을 논하기보다 "각자가 자기 운명의 목수이다"라는 채쿠스의 말을 좇는 것이 일상을 사는 데 더 필요한 현실적인 선택일 것입니다.

저는 행운이 찾아오도록 준비하는 사람입니다. 공부라는 노동을 통해 운을 준비하는 사람입니다. 그리고 타인의 성공을 시샘하지 않고 행운이 찾아올 때를 기다리는 공부하는 노동자입니다. 운은 찾아가는 것이 아니라 끊임없이 준비한 이에게 찾아오는 것입니다. 채쿠스가 사용한 '파베르faber'라는 말은 '목수'라는 뜻도 있지만 '장인', '기술자', '공인', '석공'이라는 의미도 있습니다. 저는 이 말을 생각하면서 우리 각자가 '자기 운명의 장인匠人'이 되길 바라봅니다.

여러분은 어떤 운이 오도록 준비하고 있습니까? 그리고 준비를 하면서 무슨 생각을 하고 있습니까? 여러분이 생각하는 운은 무엇입니까?

Faber est suae quisque fortunae.

파베르 에스트 수애 퀴스퀘 포르투나애

운명을 만드는 사람은 바로 자신.

10장

쉬운 선택을 하지 않는다

대학에서 라틴어 강의를 마치고 여유가 되면 종종 학생들과 카페에서 이야기를 나누곤 했습니다. 자리에 앉아 각자 마실 음료를 고르는데 한 학생이 "아무거나요"라고 말했습니다. 그 말을 듣고 저는 그 학생에게 "인생은 어느 한순간도 '아무거나'일 수 없는, 모든 순간이 선택과 포기의 반복이고 그것을 확인하는 과정"이라고 말했습니다. 별 생각 없이 그렇게 말한 학생은 제게 거창한 잔소리를 듣게 되어 마음이 상했을까요?

저자 사인회에서도 비슷한 일이 있었습니다. 저는 책에 사인을 할 때 가능한 독자가 원하는 문구를 적어주려고 해서 늘 묻곤 합니다. 지체 없이 자신이 원하는 문구를 말하는 분도 있지만, 대부분 "선생님이 생각하시기에 좋은 문구 하나 써주세요"

라고 대답합니다. 그러면 저는 다시 묻습니다.

"그걸 생각해보는 걸 숙제로 내드려도 될까요?"

저는 학생들에게 '선택'의 중요성에 대해 자주 이야기했습니다. 모든 공부의 시작, 선택의 시작은 스스로에게 끊임없이 질문을 던져 그 답을 고민하고 찾아내는 것입니다. 이 과정에는 공부하는 방식, 공부했던 방식에 대한 복기도 포함됩니다. 진정한 답은 타인이 주는 답이 아니라 내 안의 원의, 즉 내 안에 있는 진짜 갈망입니다. 공부는 그것을 찾아가는 과정이라고 보는 것이죠.

박사 과정 시절 생활했던 마로니타 기숙사의 한나 알안 원장님은 제가 라테란 대학교에서 거둔 성취를 몹시 자랑스러워하셨습니다. 레바논 출신의 원장님은 바티칸 대법원 로타 로마나의 대법관이자 고위 성직자이기도 했습니다. 제게 바티칸 대법원 '로타 로마나'의 사법연수원 입학시험을 보라고 권유한 분이십니다. 처음에는 잘못 들었나 했습니다. 그도 그럴 것이 바티칸 대법원 로타 로마나에서 변호사로 활동하려면 먼저 사법연수원 과정 3년을 수료해야 합니다. 그런 후에야 변호사 자격 시험을 볼 수 있습니다. 서유럽인 중에서도 교회법학 박사학위를 가지고 있는 시민법 변호사들이 아니면 접근조차 힘든 바티칸 대법원의 변호사에 도전하라니, 말도 안 된다고 생각했죠.

로타 로마나에서는 사법연수원 수업도 당연히 라틴어로 합니다. 라틴어를 좋아해 공부를 열심히 하기는 했지만, 라틴어로 수업을 하고 시험을 보는 건 전혀 다른 문제였습니다. 유럽어로 올라온 소송을 모두 라틴어로 옮겨 정리하고 판결문, 변론서도 모두 라틴어로 작성해야 했죠. 법률 지식의 충분함 이전에 이미 언어의 높은 벽이 제 앞에 놓여 있었습니다.

사법연수원에 입학하는 것부터가 만만치 않은 일입니다. 입학 시험을 치를 수 있는 자격은 기초 법학 중 교회법으로 박사학위를 받은 사람에게만 주어지는데, 대부분 유럽권의 뛰어난 학생들이 지원하지 아시아인들은 거의 없었다고 합니다. 한국인은 그때까지 단 한 명도 없었고요. 저는 망설일 이유가 없었습니다.

"원장님, 저는 못할 것 같습니다. 라테란 대학교 석박사 과정도 여러 사람들의 도움을 받아 간신히 마친 제가 유럽 친구들도 어려워하는 걸 어떻게 할 수 있겠습니까?"

"자네는 누구보다도 열심히 노력했고 그에 상응한 결과를 얻었네. 우리는 자네가 공부해온 모습을 지켜보았고 충분히 해낼 수 있을 거라고 생각하네."

"저는 라틴어도 잘 못 합니다. 제 능력 밖에 있는 일입니다."

하지만 알안 대법관님은 물러나지 않고 집요하게 오랜 시간 저를 설득하셨습니다. 당신이 공부하셨던 책까지 가져다주시며 재차 권유하셨습니다. 존경하는 멘토가 그렇게까지 권하시는데 더는 뿌리칠 수 없었습니다. 당연히 떨어지겠지 생각하면서도 시험은 한번 봐야겠다고 생각했죠.

"합격할지 모르겠지만 시험은 한번 보겠습니다."

로타 로마나를 향해

이렇게 해서 3개월 후에 있을 사법연수원 시험 준비를 시작했습니다. 방학을 하면 기숙사에서 나가야 했기 때문에 머물 곳이 마땅치 않았는데, 마침 로마로 유학을 온 수녀님의 소개로 영국 런던의 한 수녀원에서 지낼 수 있게 되었습니다. 지금은 사라진 그 예수수녀회 수녀원은 은퇴하신 원로 수녀님들이 공동체 생활을 하는 곳이었는데, 그분들은 저를 마치 친손자처럼 따뜻하게 보살펴주셨습니다. 신학교에서 나무 가지 치는 방법을 배운 저는 보답하는 마음으로 공부하는 짬짬이 수녀원의 나무를 관리해드렸습니다. 수녀님들은 몹시 만족스러워하셨습니다.

2004년 10월 15일, 저는 로타 로마나가 위치한 칸첼레리아 궁에서 시험을 봤습니다. 그 궁은 1471년에서 1484년 사이에 지어진 르네상스 시대의 대표적인 건축물입니다. 원래 이름은 라파엘레 리아리오 궁이었다고 합니다. 사법연수원 입학 시험 장소는 칸첼레리아 궁 1층에 있는 '백일홀'이었습니다.

홀에 들어서자마자 조르조 바사리가 천장에 그린 프레스코화가 눈에 들어옵니다. 시험 보는 사람들을 압도하는 그림이죠. 조르조 바사리는 미켈란젤로에게 이 그림을 보여주며 "백일 정도 걸렸다"라고 말했다고 합니다. 그러자 미켈란젤로가 "그렇게 보인다!si vede!"라고 대답했다고 하는데, 그런 연유로 '백일홀'이라는 이름이 붙었다고 합니다.

백일홀 중앙 벽면 좌우에는 법조인 본연의 임무가 무엇인지 상기시켜주는 '진리Pax'와 '정의Iustitia'라는 말이 적혀 있습니다. 백일홀의 아름다움으로 들뜬 마음을 가라앉히고 제 이름표가 붙은 책상을 찾았습니다. 책상 위에는 법전 한 권과 라틴어 사전이 놓여 있었는데, 그때 저는 이상하게 하나도 떨리지 않았습니다. 합격할 리가 없었고, 경험 삼아 한번 보자는 마음으로 치르는 시험이었기 때문에 마음의 부담이 없었던 겁니다.

시험 시간은 4시간, 9시에 시작해서 오후 1시쯤에 끝났습니다. 시험의 방식은 9포인트 정도 되는 작은 글자로 인쇄된 14쪽 분량의 라틴어 판결문을 읽고 자기가 가장 자신 있는 유럽어 하나를 선택해서 번역한 후, 판결문에 담긴 소송절차법에 대해 라틴어로 A4 1~2장 분량으로 답하는 것입니다. 저는 제시된 영어, 프랑스어, 이탈리아어, 스페인어, 독일어 중에서 이탈리아어를 선택했는데, 라틴어와 문법적인 부분에서 가장 유사해서 실수할 확률이 적었기 때문입니다.

출제된 문제는 '돌루스Dolus(사기죄에 관한 소송)'에 관한 것이었습니다. 이 소송에 대해서 어떤 법리를 적용해야 하는지, 그 법리 안에서 어떤 소송 절차를 거쳐야 하는지를 정리해야 했습니다. 문제도 어려웠지만 판결문의 라틴어 표현 중엔 처음 보는 것이 많아서 그것들을 이탈리아로 번역하는 것부터가 난관이었습니다. 저는 시험지를 받자마자 이탈리아어로 번역하기 전에 30분간 먼저 법리와 소송 절차에 대한 이론을 라틴어로 써두었

바티칸 대법원
로타 로마나가 위치한
칸첼레리아 궁.

습니다. 세 시간 정도 지나서야 이탈리아어로 번역을 마칠 수 있었고 나머지 30분 동안은 답안지를 정리했습니다.

경험 삼아 보자는 마음이었지만 주어진 시간 동안에는 최선을 다하고 싶었습니다. 후회를 남기고 싶지 않았기 때문입니다. 그래서인지 시험을 보는 도중에 입에서 쓴 냄새가 올라오고 가슴 언저리가 아팠습니다. 긴장한 상태로 4시간 동안 꼼짝 않고 앉아 시험을 보는 것이 몹시 힘들었는데, 구술시험만 봐온 저로서는 그런 시험에 대한 경험이 없었기 때문입니다. 로마의 10월은 무더웠는데 양복을 입고 시험을 치러야 해서 제 상의는 어느새 땀으로 흠뻑 젖어 있었습니다.

그때 시험을 본 사람은 모두 80명이었고, 그중 한국인은 저밖에 없었습니다. 석사 과정 동기였던 라우라, 토비아스, 타지아나도 같이 시험을 쳤습니다. 그 친구들은 박사학위가 없었지만 사법연수원 3년 내에 해당 과목의 박사학위를 딴다는 조건으로 입학 시험 자격을 얻을 수 있었습니다. 시험을 본 후 친구들이 잘 봤냐고 물었습니다. 라틴어를 이탈리아어로 번역한 것이 완벽하지 않은 듯해서 "잘 보긴. 난 떨어질 거야"라고 말하고는 친구들과 홀가분하게 늦은 점심을 먹었습니다.

시험의 결과는 대강 2주 후쯤 나온다는 것뿐 정확히 언제 발표가 나는지는 알 수 없었습니다. 저는 그동안 고마운 분들께 인사를 드리러 다니면서 귀국 준비를 했습니다. 그래도 결과가 궁금했기에 2주가 지난 후 연수원 홈페이지에 들어가 보았습니다.

시험 결과를 확인하는 건 언제나 긴장되는 일입니다. 그런데 합격자 명단에 놀랍게도 제 이름이 있었습니다.

저는 믿을 수 없었고 뭔가 착오가 있다고 생각했지만, 진짜 합격이었습니다. 그냥 한번 본 시험, 당연히 떨어질 것이라고 생각하며 본 시험으로 사고를 쳐도 단단히 쳤다는 사실을 그땐 잘 몰랐습니다. 열심히 하긴 했지만, 사실 열심히 하지 않은 사람은 없었기 때문에 자신이 없었습니다. 그 결과를 받아들이기까지 한참이 걸렸습니다.

그 다음달, 2004년 11월 사법연수원 입학식에 참석하기 위해 저는 다시 백일홀에 섰습니다. 사법연수원장이 연수생 현황을 발표했는데, 저를 포함한 입학생은 40명, 정규학생은 115명, 유급생 40명을 포함해서 155명이라고 했습니다. 대부분 일반시민법 변호사이면서 교회법학 박사학위를 가진 사람들로 저와 같은 가톨릭 신부는 서너 명뿐이었습니다.

입학식에서 신입생과 재학생은 로타 로마나 대법원장 앞에서 비밀 준수 서약을 합니다. 이 사법연수원에서는 이론을 배우는 것이 아니라 실제 사건을 다루기 때문에 이 소송에 관련한 당사자들의 실명과 신분을 누설하지 않겠다는 서약입니다. 업무상 알게 된 비밀을 지키겠다는 서약인 셈인데 만약 그러한 내용을 실수로라도 유출하면 변호사 자격은 박탈됩니다.

이 서약을 마치자 사법연수원장이 신입생을 소개했습니다. 이탈리아인이 제일 많았고 그다음은 폴란드, 스페인, 아르헨티

나 순서였는데 제 순서가 되어 '꼬레아'라는 말이 울려 퍼지자 눈시울이 뜨거워졌습니다. 한국인 최초였고 사실상 아시아인으로서도 최초라고 할 수 있습니다. 이전에 인도인이 한 명 있었지만 그는 영국에서 오랜 시간 공부한 사람으로 영어권 인물이었습니다. 사법연수원 안에서는 처음 불린 나라 이름이라 누굴까 하고 모두들 호기심에 차서 웅성거렸습니다. 석사 과정을 함께 했던 친구들이 제게 크게 박수를 쳐주었습니다. 토비아스는 엄지손가락을 들어 보이기까지 했죠. 동양인이 희귀한 데다 박사학위를 10개월 만에 취득했다는 사실을 알고는 놀란 눈으로 저를 보는 사람들이 많았습니다.

누구도 가지 않은 길을 선택하다

그렇게 저는 로타 로마나 사법연수원의 연수생이 되었습니다. 마음 한구석으로는 큰 부담을 느꼈지만, '그냥 한번 본 시험이고 사실은 입학할 마음은 없습니다'라고는 차마 말할 수 없었습니다. 입학의 어려움과 그곳의 권위를 생각하면 그냥 본 시험이라고 해서 가볍게 포기할 수가 없었습니다. 알안 대법관님은 "우리의 판단이 옳았다"고 하시며 기뻐해주셨지만, 제게 그 기쁨과 환희는 그리 오래 가지 않았습니다.

한국에서 귀국하라는 전갈이 왔습니다. 박사학위까지 취득했는데 로마에 더 머물 이유가 없었고, 돌아와서 보통의 신부들이 하는 소임을 다하라는 것이었습니다. 하지만 불가피한 상황에 놓이면서 저는 당장 돌아갈 수가 없었습니다. 부산교구 주교님을 설득하려 했으나 때는 이미 늦어 있었습니다.

생각해보면 교회 어른들께 미리 바티칸 대법원 변호사의 중요성과 필요성 그리고 우리 교회를 위해 할 수 있는 역할 등에 대한 충분한 설명과 함께 이해를 구했어야 했습니다. 그러나 수업 시간에 잠깐 들은 내용을 단순하고 간결하게 설명하기란 쉽지 않았습니다. 무엇보다도 사법연수원 입학 시험에 합격하리라고는 꿈에도 생각 못했기 때문에 미리 한국에 알리지도 않았습니다. 설령 생각했다 해도 결과를 알기 전에 열심히 설명하는 것도 이상해서 하지 못했을 거고요. 그리고 무엇보다도 저는 한국으로 돌아오려고 짐을 정리하던 중이었습니다.

2004년 11월 어느 날, 사법연수원에 입학에서 한창 공부를 하던 중 재차 바로 귀국하라는 연락을 받았습니다. 그날 로마에서 교육학 박사 과정을 마치고 귀국하는 한 신부님을 축하하는 자리에서 저는 갑자기 호흡곤란을 느끼며 쓰러졌습니다. 잘 마시지 않던 술을 모처럼 마셔서인가 싶었지만 놀라는 사람들의 다급한 말소리가 또렷하게 들리는데도 혀의 감각이 둔해지면서 말을 할 수 없었습니다.

사람들이 쉬어야 한다며 저를 기숙사로 데려다주었는데 곧 알안 대법관님이 오셔서 병원에 가자고 하셨습니다. 저는 괜찮아질 것 같다고 간신히 말했지만 결국 의식을 잃으며 구급차에 실려 산 지아코모 병원 응급실로 실려 갔습니다. 그리고 5시간 후에 깨어났습니다. 의사는 제가 공부를 하면서 에너지를 다 소진한 것 같다고 건강에 무리가 갔다면서 쉬어야 한다고 했습니다. 결국 저는 2005년 1월 5일에 한국으로 돌아왔습니다.

한국으로 돌아와 부산교구의 한 성당에서 보좌 신부를 지냈습니다. 어려운 공부를 마치고 생각지도 못한 또 하나의 세계로 가는 문이 열렸지만, 로타 로마나를 향한 제 도전은 지지받지 못했습니다. 아무도 제게 다시 돌아가 공부하라고 하는 사람이 없었습니다. 건강이 회복되지 않아 결국 1년간 제주도에서 요양하면서 저는 깊은 생각과 고민에 빠졌습니다.

보통의 사제 소임을 다하며 살 수도 있었고 그러면 좀더 마음은 편했을지 모릅니다. 하지만 당시 제 나이는 이미 서른 중반이었고 더 늦기 전에 공부를 마쳐야 한다고 생각했습니다. 그 길을 가지 않으면 훗날 고통스러운 후회가 찾아올 것만 같았습니다. 어떤 선택도 쉽지 않았고 확실한 것은 아무것도 없었습니다. 그러나 저는 결단하지 않을 수 없었고 장고 끝에 교구를 떠나 다시 로마로 돌아가기로 했습니다.

이는 교회의 일반적인 정신을 따르는 일은 아닙니다. 순명하는 것이 교회의 정신이지만 저는 그렇게 결정하고 말았습니다. 물론 그 선택을 함으로써 오는 불이익도 제 몫이라고 생각했죠. 저는 마음을 다잡았습니다. 하지만 확실한 것이 없고 그 어떤 보장도 없는데 순명의 정신을 어기며 그런 선택을 한 데 대한 두려움과 괴로움, 외로움은 그 이후에도 계속 저를 힘들게 했습니다.

어렵게 열린 길이나 또 다른 끝에 다다르기 위한 과정은 더욱더 가시밭길이었지만, 저는 그곳에 나를 세운 분의 뜻을 헤아리려 노력하며 끊임없이 기도했습니다. 선택한 길을 간다 해도 중간에 포기할 가능성이 큰, 저처럼 부족한 사람에게 이 어려운 길이 열린 뜻은 무엇일까. 어렵게 열린 길을 제대로 걸어보지도 않고 쉽게 포기하는 것이 과연 그분의 뜻일까. 어느 한 가지도 확실히 알 수 없었지만 이것만은 믿었습니다. 어렵게 열린 길을 포기하지 않고 그 끝에 닿는다면 또 다른 길이 열릴 것임을요.

그리고 한편으로는 어느 누구도 가본 적이 없는 길을 가보고 싶었던 열망도 있었습니다. 한국 사람 중 누구도 가지 않았던 그 길을 가는 데 어떤 어려움이 있는지, 그 끝에 무엇이 있는지, 저는 알고 싶었습니다. 유학 생활 중 겪었던 동양인에 대한 유럽인들의 무시가 무의식적으로 작용하기도 했습니다. 이 세상 그 누구에게도 타인을 함부로 무시할 권리가 없으며 서양인들의 우월감 앞에 동양인들은 결코 열등하지 않다는 걸 증명해 보이고 싶었습니다.

대학에서 강의를 하면서 대화할 기회가 있을 때마다 저는 학생들에게 한국에는 잘 알려지지 않은 분야, 한국인의 발걸음이 아직 닿지 않은 미지의 분야를 개척하라고 권합니다. 생각이 깊어진 몇몇 학생이 그 과정에 대해 알아보기 위해 외국의 해당 대학에 전화를 하거나 다른 방법으로 연락을 했더니 '지금까지 동양인 학생이 온 적이 없다'는 아주 시큰둥한 답변이 돌아왔다고 합니다. 그럼에도 저는 개인적으로나 우리 사회를 위해서나 힘들지만 가치 있는 일이니 그 길을 포기하지 말고 가보라고 말합니다.

자신을 속이지 않는 연습

로마를 떠난 지 2년 만인 2006년 9월, 저는 다시 로마로 돌아갔습니다. 공부에 임하는 자세가 다 같을 수는 없지만 '쉬운 선택을 하지 않았던 것'이 저의 자세이자 방법이었습니다. "왜 그렇게 힘들게 사냐, 좀 쉽게 살지"라고 말할 수도 있을 겁니다. 하지만 쉬운 선택을 한다고 해서 이후의 삶이 쉬워지는 건 아닙니다. 여러분이 쉬운 선택을 해서 삶이 나아진다면 그렇게 하면 됩니다. 하지만 쉬운 선택으로 삶이 나아지지 않는다면 다시 생각해봐야 합니다.

우리는 많은 사람들이 어떤 것을 이루어내는 과정을 보면 쉬운 것을 선택한 경우보다 쉽지 않은 선택을 했을 때 이루어낸 것이 더 많다는 걸 알고 있습니다. 하지만 대부분 이런 선택을 피하려고 합니다. 왜일까요? 답은 하나입니다. 어렵기 때문이죠.

쉬운 선택을 할 때는 마음의 갈등이 없지만 쉽지 않은 선택을 하려고 하면 자기 자신이 본능적으로 밀어냅니다. 그리고 스스로를 속입니다.

어린 시절에 저 역시 그랬습니다. 공부를 하는 대신 가정환경을 탓하며 부모를 원망했습니다. 매사 귀찮고 괴로운 마음에 아무것도 하지 않고 잠만 잤습니다. 학교에서도 책상에 엎드려 자고 집에 돌아와서도 어머니에게 눈길도 안 주고 이불을 뒤집어쓰고 잠만 잤습니다. 눈을 뜨면 어머니에게 갖은 푸념을 하고, 때로는 독설을 퍼붓기도 했습니다. 그래도 화가 가라앉지 않으면 그 길로 나가서 그야말로 '미친놈'처럼 싸돌아다니다가 화가 한풀 꺾여야 집으로 돌아왔습니다.

이런 행동은 막막한 인생에서 제가 제일 쉽게 선택할 수 있는 것이었습니다. '나는 아직 어리다, 미성년자다, 그렇기 때문에 내 잘못은 아무것도 없다. 이렇게 된 건 모두 무능한 어른들 탓이다.' 저는 매일 그런 생각에 사로잡혀 있었습니다. 그렇지만 마음은 늘 불편했습니다. '도대체 언제쯤 이런 생활이 끝날까? 계속 이렇게 살면 어떻게 될까?' 슬슬 걱정도 되고 제 자신에게도 짜증이 났습니다.

그러다 어느 순간 제가 선택한 이런 생활이 제 삶을 바꿀 수 없다는 생각에 이르렀습니다. 상상력도 한몫했지요. 성인이 되어서도 인생이 변함없이 안타깝게 흘러가는 상상 말이죠. 서서히 정신이 들기 시작했습니다. 환경이 채워주지 못한 그 빈 공간을 내가 채우지 않으면 삶이 달라지지 않을 것임을 깨닫자 쉽게 할 수 있는 행동, 쉬운 선택을 하려는 마음에 브레이크를 걸 수 있게 되었습니다.

> Hanc ego viam si asperam atque duram negem, mentiar.[11]
> 핵 에고 비암 시 아스페람 아트퀘 두람 네젬, 멘티아르
> 이 길이 거칠고 험하다는 것을 내가 부정한다면, 나는 거짓말을 하는 셈입니다.

자신을 속이지 않는 연습이 필요합니다. 유명한 라틴어 명구 '오늘 하루를 즐겨라Carpe Diem, 카르페 디엠'라는 말은 내가 나를 속이지 않고 정직하게 일하고 공부한 하루가 주는 즐거움을 맛보라는 뜻입니다. 열매를 수확하고 곡식을 추수하는 나의 기쁨은 매일매일 쉬운 선택을 해서 얻을 수 있는 결과물이 아닙니다. 누구나 할 수 있는 쉬운 선택을 거부하고, 어렵지만 나의 부끄러움까지도 외면하지 않고 받아들이는 그 어려운 선택을 통해 얻은 결과물에 대해 '카르페 디엠'이라고 할 수 있습니다. 그저 즐기는 쾌락적인 삶을 가리키는 말이 아닙니다.

우린 남들이 보기엔 아무것도 아닌 자신만의 한 줄을 위해서 엄청나게 달려왔고 또 달리고 있습니다. 남들이 그것을 안 읽어줄 때 섭섭함을 느끼기도 하고 좌절하기도 합니다. 세상과 사회는 내가 땀 흘리고 쉽지 않은 선택을 해서 거둔 결과를 잘 알

아봐주지 않는 경향이 있습니다. 저도 그랬습니다. 어느 날 이런 생각이 들었습니다. '남들이 안 읽어준 나의 한 줄 때문에 내가 왜 좌절하고 슬퍼해야 하지? 그 대신 어떻게 할 수 있을까? 어떻게 하면 카르페 디엠을 외치며 다시 일어설 수 있을까?'

어떤 사람은 이렇게 말합니다. 버텨야 한다고요. 그런데 버틸 수 있을까요? 버티기만 하는 것이 가능할까요? 저는 이렇게 생각합니다. '살아 있는 것'이라고요. 살아 있는 사람, 산 사람만이 무엇을 말할 수 있습니다. 유구한 역사를 돌아보면 광대한 영토를 소유했던 왕들 중 그 어떤 왕도 현재까지 계속 그 땅을 소유하고 있지 않습니다. 그 땅이 그의 소유였습니까? 지금은 또 다른 누군가가 그 땅을 소유하고, 지배하고 있습니다. 인간은 그 어떤 것도 지배하지 못합니다. 인간의 생은 유한합니다. 그런데 인간은 영원한 삶이 주어진 것처럼 착각하며 살아갑니다. 영원을 살면서 모든 것을 지배할 수 있을 거라고 말이죠. 우리는 이러한 사실을 정확히 보아야 합니다.

그리고 내가 어떤 사람이 될 것인지를 고민해야 합니다. 그런데 이런 행동을 하는 것 자체가 쉬운 일은 아닙니다. 세상은 바삐 돌아가고 시선은 자꾸 밖으로 향할 수밖에 없는데, 손에 잡히거나 눈에 보이지 않는 내면을 유심히 바라본다는 것 자체가 쉽지 않기 때문입니다. 그래서 공부를 제대로 하려고 하면 시작부터 쉬운 선택은 밀려날 수밖에 없는 것인지도 모릅니다. 그런데도 그렇게 하지 않고도 뭔가 잘 되길 바라는 마음을 갖는다면

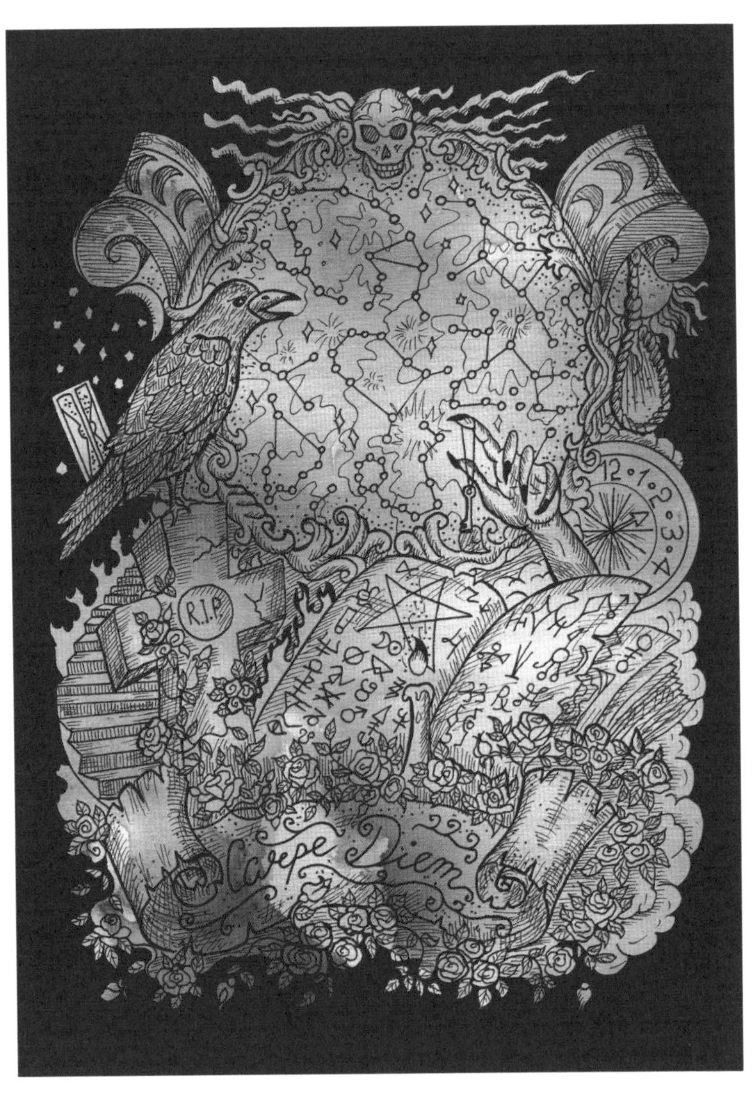

라틴어 명언 '오늘 하루를 즐겨라'는 내가 나를 속이지 않고 정직하게 일하고 공부한 하루가 주는 즐거움을 맛보라는 뜻이다.

그야말로 '도둑놈 심보'라고 할 수 있습니다. 앞에서도 말했지만 공부하는 사람은 마음에서 이 도둑놈 심보를 몰아내야 합니다. 거기엔 최선을 다하지 않고 목표하는 바를 성취하고자 하는 마음도 해당됩니다. 이런 마음 하나하나가 모두 쉬운 선택은 아니지만 그래도 이런 선택을 피하지 않고 감당하며 한걸음씩 나아가기 바랍니다.

지금 여러분의 마음속에서 쉽지 않은 선택은 무엇입니까?

Noli foras ite; in interiore homine habitat veritas.[12]

놀리 포라스 이테; 인 인테리오레 호미네 하비타트 베리타스.

바깥으로 나가 방황하지 마라. 진리는 사람의 내면 깊은 곳에 머무르기 때문이다.

11장

기억의 정화,
흘러가게 두기

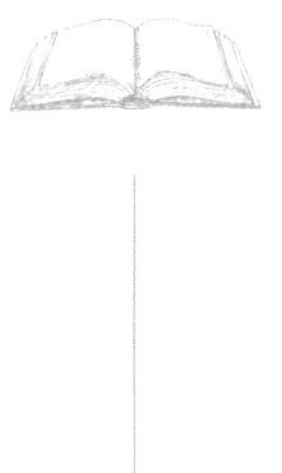

기억도 취사 선택할 수 있다면 삶이 한결 수월할 겁니다. 하지만 어떤 기억은 제멋대로 휘발되어 버리고 어떤 것은 편집되고 가공된 채로 잊고 싶은데도 불구하고 더 선명하게 남아 있기도 합니다. 사라지거나 남는 것에는 어떤 규칙도 패턴도 없으니 미리 준비할 수도, 방어할 수도 없습니다.

2006년 9월, 로마로 돌아가 한 달 후에 치른 사법연수원 2학년 진급 시험에서 저는 탈락하고 말았습니다. 저는 유급하여 1학년 수업을 모두 다시 듣고, 1년 동안 7개의 변론서 과제물을 다시 제출해야 했습니다. 공부하는 습관이 무너져서 다시 시작하려니 눈앞이 캄캄했습니다. 공부를 중단하지 않고 계속했다면 그 즈음 탄력이 생겨 한층 수월했을 텐데, 공부의 리듬은 쉽게 돌아오지 않았습니다. 귀국할 때 공부를 계속할 생각을 이미 접었었기 때문에 모든 게 낯설고 어렵기만 했습니다. 포기하는 것에 대해 정말 진지하게 고민했습니다.

그러나 후회하고 포기한 이후의 모습을 상상하니, 그것은 어떻게든 다시 일어나 공부를 계속하는 것보다 더 부끄럽고 고통스러운 일이었습니다. 사실 포기하는 것이 더 쉬운 선택이었을 겁니다. 나중에야 어찌되었든 당장은 편했을 것이기 때문이죠. 하지만 저는 다시 시작하는 길을 가기로 선택했습니다.

저는 라틴어 공부를 다시 하는 걸 공부의 시작점으로 삼았습니다. 사법연수원에서는 이미 필요한 모든 지식을 다 가지고 있다고 전제하고 스스로의 사고를 바탕으로 법리를 해석하여 고유한 판결을 내려야 합니다. 라틴어 판결문은 자기만의 창조적인 문장으로 써야 했기 때문에 단순히 라틴어를 번역하는 단계를 뛰어넘는 수준의 실력이 요구됩니다. 판결문의 수준을 높이기 위해 더 깊이 라틴어를 파고들었습니다.

하지만 라틴어로 판결문을 쓰는 건 너무도 어려운 일이어서 이후에도 여러 차례 포기하고 싶은 유혹을 느꼈습니다. 그러다 생각지도 못한 사실을 알게 되었습니다. 라틴어를 중고교 시절부터 배우고 대학에 입학하기 위해 더 열심히 공부하는 유럽 친구들도 로타 로마나 사법연수원에서 요구하는 수준의 라틴어 실력을 갖추는 건 저와 마찬가지로 어려운 일이라는 것을요. 사법연수원에서 요구하는 라틴어 실력은 완전히 다른 차원의 것으로, 유럽 학생이나 아시아 학생이나 모두 비슷비슷한 수준이라는 겁니다. 다른 사람들도 저와 같은 고충을 겪는다는 사실을 알게 되자 한결 위안이 되었고, 저들이 해낸다면 나도 할 수 있을 거라는 용기가 생겼습니다.

다시 일어서다

그렇게 저는 다시 공부에 집중하기 위해 매일 일정 시간 몸을 가두기로 결심했습니다. 이에 대해 저는 제 책《라틴어 수업》에서 "매일 출근해 일하는 노동자처럼 공부하는 노동자는 자기가 세운 계획대로 차곡차곡 몸이 그것을 기억할 수 있을 때까지 매일 같은 시간에 책상에 앉고 일정한 시간을 공부해야 합니다"라고 썼습니다.

물론 쉬운 일이 아니었습니다. 몸이 기억하는 공부 습관을 만들기까지 많은 시간이 걸리고 어려웠지만, 무너지는 것은 한순간이었습니다. 1년 6개월 정도 공부하는 습관을 잊고 지냈더니, 책상에 앉기로 계획한 바로 그 시간에 앉는 것이 너무도 어려웠습니다. 그리고 거기에서부터 하루의 계획이 어긋나기 시작했습니다. 더 중요한 일이 있는 것도 아닌데 다른 일로 시간을 보내기 일쑤였죠. 일종의 회피를 한 것입니다. 결심한 마음이 몸을 설득하지 못한 거였어요.

몸이 익숙해질 때까지 저항하는 시간을 이겨내야 했습니다. 그래도 어찌어찌 앉아서 전날 공부한 것을 확인해보는데, 늘 전혀 공부하지 않은 것처럼 낯설게 다가올 땐 맥이 탁 풀렸습니다. 이런 글이라도 읽게 되면 마음이 더 무거워졌지요.

Haud æquum facit, qui quod didicit, id dediscit.

하우드 애쿠움 파치트, 퀴 쿼드 디디치트, 이드 데디쉬트.

배운 것을 잊어버리는 사람은 결코 올바른 일을 하는 것이 아니다.

— 플라우투스Plautus, 테베의 왕 암피트루오Amphitruo, 2, 2, 55

그즈음 패배감이나 절망감으로 하루를 시작하는 날이 많았습니다. 그러던 어느 날, 전날 공부한 것을 열심히 떠올리고 있었는데 문득 이런 질문들이 떠올랐습니다. '나는 전날 공부한 것조차 그렇게 쉽게 잊어버리는데, 실패와 실수에 대한 기억은 왜 이렇게 떨쳐버리지 못하는 걸까? 잊지 말아야 할 것은 잘 잊으면서 잊어도 좋은 일에는 매달리는 것이 옳은 행동일까? 계속 이런 생각에 사로잡혀 이리저리 흔들린다면 목표한 곳까지 무사히 갈 수 있을까? 지금 내가 나의 무능함을 질책하고 자책하는 것으로 얻을 수 있는 게 뭐지? 진짜 포기하는 것이 내가 원하는 건가? 진짜 포기하고 나면 훨씬 행복할까?'

저는 이런 질문들에 대한 답을 오랫동안 생각했습니다. 아무리 생각해봐도 매일매일 실패와 좌절을 습관 들여서는 좋을 게 없었습니다. 한국을 떠나올 때가 생각났습니다. 교구에서 있었던 일, 여러 어른들께 들었던 무수한 충고가 한층 아프게 다가왔습니다. 다행스러운 건 그런 생각 끝에 다시 로마로 돌아가야겠다고 결심했던 때가 떠오른 겁니다.

로마로 돌아오기 4개월 전, 2006년 7월 저는 타클라마칸 사막 여행 중 심장발작을 일으켜 의식을 잃고 쓰러졌습니다. 여러 사람의 도움으로 회복하는 중에 그때까지 제가 살아온 삶을 돌아보며 내렸던 결론은 '기억의 정화'였습니다. 나쁜 기억이 있다면 좋은 기억으로 정화시키고 좋은 기억이 없다면 지금부터라도 만들자고 결심했던 것입니다. 불과 4개월 전의 일인데 먼 옛날 일처럼 잊고 살았다는 걸 깨달으며 다시 그때의 마음을 불러왔습니다. '나는 어떤 결심을 하고 여기에 왔던가? 로마를 어떻게 다시 왔는데 지금 이렇게 징징거리고 있는 것인가?'

당시 교구에서 있었던 일들이나 누구도 다시 공부하라고 하지 않았던 그 아쉬웠던 기억을 돌아봐야 실패할까봐 두렵고 잘해야 한다는 부담감만 커질 뿐, 저에게 도움이 될 일은 한 가지도 없었습니다. 하느님이 주신 단 한 번의 나의 인생, 지금 하고 싶은 것을 못해서 나쁜 기억을 품고 가기보다 하고 싶은 것을 최선을 다해서 하자. 어떤 비난을 받든 그것도 오로지 내 선택의 결과이니 받아들이자고 결심했던 그 마음으로 돌아갔습니다. 당시 저는 아우구스티누스의 《요한 서간 강해》에 나오는 말로 다가올 제 삶을 저 스스로 지지하는 출사표를 던졌습니다.

타클라마칸 사막.

Dilige et fac quod vis

딜리제 에트 팍 쿼드 비스.

사랑하라. 그리고 네가 하고 싶은 것을 하라.

좋지 않은 기억을 밀어내고 제가 타클라마칸 사막에서 긴 고민 끝에 결정했던 것, 그 기억을 떠올리며 다시 분발하기로 했습니다. 제 스스로를 비하하고 괴롭히는 일을 그만두기로 했습니다. 공부한 내용을 빨리 잊는 것을 탓하지 않고 부정적인 기억이 떠오르려 할 땐 의식적으로 다른 일을 함으로써 그 생각이 저절로 사라지도록 했습니다.

기억의 정화

우리는 자신의 생각이나 말을 타인이 어떻게 받아들일지 신경을 많이 씁니다. 내 말을 남들이 뭐라고 생각할까 혹시 나에 대해 부정적으로 생각하지 않을까, 나를 알기도 전에 미리 나쁘게 평가하는 건 아닐까 하는 걱정이 많습니다. 하지만 실제로는 타인의 생각이나 말보다 자신이 하는 말이나 생각이 스스로에게 더 큰 영향을 미칩니다.

사람들은 의외로 타인의 일에 관심이 없습니다. 내가 신경 쓰는 것만큼 그 정도의 관심은 없다는 거죠. 흘려듣거나 별 생각이 없는 경우가 대부분입니다. 하지만 내가 하는 생각이나 말은 거의 모두 내게 와서 꽂힙니다. 내가 어떤 기분으로 어떤 정서를 가지고 무슨 말을 하면서 공부하는지를 스스로가 가장 분명하게 알고 있다는 뜻입니다. 그런 부정적인 생각은 뇌가 좀처럼 흘려듣지 않습니다. 그런 생각에 영향을 받았다는 증거가 금방 나타나기 때문이죠. 나를 부정하거나 불안해하거나 스트레스를 받으며 끙끙대면 그러한 생각이 고스란히 내 머리에 전달되는데, 해야 할 공부가 눈에 들어올 리 없겠죠.

Memoriae purificatio.

메모리애 푸리피카티오.

기억의 정화.

정화를 의미하는 라틴어 명사는 '푸리피카티오purificatio'인데, 이는 '깨끗이 하다, 청소하다, 말끔히 씻다'라는 뜻의 라틴어 동사 '푸르고purgo'에서 유래한 것입니다. '푸르고purgo' 동사는 모두 '불'을 의미하는 고대 이탈리아어 'pūr, pun-'과 인도 유럽어 'péh$_2$-ur'에서 유래했습니다.[13] '정화'라는 말이 라틴어와 고대 이탈리아어, 인도 유럽어 모두 P[ㅍ(Pa)]라는 자음으로 시작한다는 점도 흥미롭습니다. 이것은 인도유럽어에서 정화의 개념을 자음 'p'로 나타냈는데, 이는 정화하는 행위를 동사 어근 'pū'로 표현했기 때문입니다. 모 언어인 산스크리트어가 형성한 문명의 최종 목적은 인간 존재를 영적으로 정화하고, 불멸과 영생에 도달하는 데 필요한 조건이 무엇인지를 고민하는 것이었습니다.

과거의 기억에 매여 있으면 '여기서 지금hic et nunc, 히크 에트 눈크' 해야 할 일에 충실해지기 어렵습니다. '지금 여기'를 살고 싶다면 그렇게 할 수 있는 조건을 스스로 만들어야 합니다. 기억의 정화는 '지금 여기'를 잘살기 위한 조건을 만드는 훌륭한 방법입니다. 좋은 기억이든 나쁜 기억이든 자꾸 떠오르는 기억부터 서서히 정화해나가기 바랍니다. 쉬운 일은 아니었지만, 저는 교황 요한 바오로 2세가 하셨던 말씀을 기억하며 노력했습니다.

"기억의 정화는 때로는 많은 용기가 필요하고 자기 부정을 요구한다고 해도 자유로워지는 유일한 방법입니다."

정화되지 않은 기억 속에는 감정의 앙금이 남아 있습니다. 그 감정의 앙금은 맑게 가라앉아 있는 흙탕물과 같습니다. 조금만 흔들리면 언제든지 다시 물을 뿌옇게 만듭니다. 기억이 아주 사라질 수는 없습니다. 다만 흙 찌꺼기만 깨끗이 걸러내 정화하면 맑은 물을 얻을 수 있듯이, 기억이 정화되면 그 기억이 그대로 남아 있더라도 마음은 평온합니다. 그렇게 깨끗하고 가벼워진 기억은 어느 순간 정말 사라지기도 합니다.

때론 좋은 기억도 정화할 수 있어야 합니다. 좋은 기억을 정화할 필요가 있을까 싶지만 이는 공부하는 사람에게 더 필요한 일일지도 모릅니다. 좋은 기억은 다른 관점에서 보면 그 역시 기억에 집착하는 일이기 때문입니다.

앞서 저는 한두 번 '만점'을 받으면서 그런 성적을 유지하고 싶은 욕구가 저의 어깨를 짓눌렀다고 말했습니다. '만점'이라는 좋은 기억을 지속하려는 욕구가 강해지면 강해질수록 그 점수를 유지하지 못할 경우 더 크게 실망하고 좌절할 수 있습니다. 이것이 우리를 불행하게 만듭니다. 공부하는 데 있어 지구력을 얻으려면 지나간 점수는 잊고 멀리 보면서 공부해야 합니다. 계속 만점을 못 받는 건 어쩌면 당연한 일인데 그것을 힘들어하고 집착한다면 심적으로 더 힘들고 부담만 커집니다. 자기가 자기에게 짐을 지워주는 격이지요.

큰 기록을 세운 스포츠 선수들은 대체로 실패한 경기는 물론이고 아주 좋은 결과를 낸 경기도 다 잊고 처음 출전하듯 경기에 임한다는 이야기를 들은 적이 있습니다. 이따금 자신이 잘했던 경기를 떠올리기도 하지만, 그보다는 더 좋은 경기를 하는 장면으로 이미지 트레이닝을 한다는 합니다. 저는 이 이야기를 들으며 기억을 확실히 정화한다는 것이 어떤 것인지를 스포츠 선수들이 제대로 보여준다고 생각했습니다.

'기억의 정화'는 몸을 가둔 채로 공부하면서도 가장 자유로울 수 있는 방법입니다. 정신이 가장 자유로울 수 있는 때는 역설적으로 몸을 가두었을 때인 듯합니다. 전쟁 중에 포로로 감옥에 갇혀서도 영혼이 자유로운 사람들이 있는 것처럼 말입니다. 나비가 자유롭게 날기 위해서는 애벌레 시절과 번데기의 시절에 몸을 가두는 과정을 거쳐야 합니다. 그와 마찬가지로 공부뿐 아니라 무언가 사람의 정신세계가 한 단계 성장하고 고양되기 위해서는 그렇게 자유롭지 못한 과정을 거쳐야 한다는 생각이 듭니다.

고대인들은 인간 존재를 영적으로 정화하고, 불멸과 영생에 도달하기 위한 의식의 일환으로 동틀 녘, 정오, 일몰, 이렇게 하루 세 번 몸을 씻었다고 합니다. 공부하는 사람들도 그렇게 틈이 날 때마다 부정적인 기억을 자주 씻어내는 수밖에 없습니다. 명상이나 기도는 그런 면에서 공부하는 사람에게 아주 좋은 의식입니다.

저는 신앙을 가진 사람이고 공부를 시작할 때, 공부하기가 힘들 때, 공부가 아닌 다른 생각으로 괴로울 때, 기도를 하면서 그 시간을 이겨냈습니다. 나를 직접 들여다보든 나를 들어 신에게 의탁하든, 그 일은 나만 할 수 있습니다. 명상도 기도도 흐르는 물에 내 몸과 정신을 가만히 두는 일이라 할 수 있습니다. 놓아야 하는 기억을 떠나보내는 가운데 새로운 생각을 채울 수 있고 그러면서 내 기억과 의식이 정화됩니다.

끝으로 부정적인 생각, 괴로운 생각, 두려운 생각이 들 때 그 생각을 밀어내기 위한 '다른 행동'으로 잠시 책을 읽을 것을 권하고 싶습니다. 특히 인문학 서적들이 그렇습니다. '나를 힘들게 하는 건 무엇인가? 그게 그렇게 지금 자꾸 생각해야 할 중요한 일인가? 시험의 실패가 인생의 실패인가?' 이런 근본적인 질문을 던질 수 있게 해주고 해답까지 찾을 수 있게 해줍니다. 지금 내가 처한 상황, 내 모습을 잘 알아볼 수 있는 식별의 눈을 갖게 해줍니다.

고등학생들에게 책을 읽으라고 하면 부모님들은 그럴 시간이 어디 있냐고 하실지도 모르겠습니다. 하지만 학교나 학원, 도서관이나 독서실에서 하는 것만이 공부는 아닙니다. 자신의 환경과 한계를 이겨나갈 수 있도록 돕는 그 모든 것이 공부입니다.

학생들은 교과서에서 잠시 벗어나 사람의 이야기, 세상의 이야기를 하는 책을 하루에 몇 쪽씩이라도 읽고 잠시 생각해보는 시간을 갖길 바랍니다. 목표하는 공부를 시작하기 전에 꾸준히 이런 독서를 의식적으로 한다면 불필요하고 소모적인 걱정이나 염려에서 벗어나 멀리 보는 통찰의 눈이 생길 것입니다.

논술 시험 준비를 따로 하는 것도 좋지만 이와 같은 습관은 어쩌면 더 좋은 준비가 되는 동시에 수험 생활 내내 큰 힘이 될 것입니다. 당장의 시험에서 원하는 만큼의 결과가 나오지 않더라도 한결같은 자세로 공부하는 힘을 지키고 유지할 수 있습니다. 여러분의 마음 속 정화해야 할 기억은 무엇인가요?

Ne memineritis priorum et antiqua ne intueamini.

네 메미네리티스 프리오룸 에트 안티콰 네 인투에아미니.

지나간 일을 생각하지 말라.

흘러간 일에 마음을 묶어두지 말라.

— 이사야 43, 18

고대 로마 목욕탕의 흔적.

12장

공부하듯이 운동하라

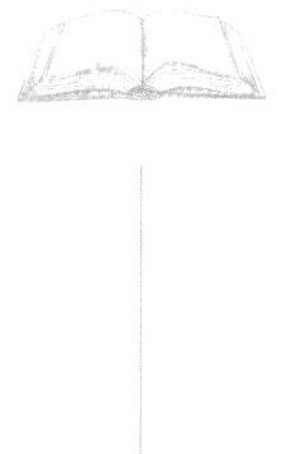

"당신에게 공부란 무엇인가?"

한 번도 이 질문에 속 시원히 답해본 적이 없었는데, 우연히 신문사 인터뷰를 하다가 말문이 열리기 시작했습니다.

"제게 공부는 도피처이자 해방구였습니다."

제가 공부를 열심히 한 가장 큰 이유는 외롭고 아파서였습니다. 몸이 아프기도 했고, 시간이 여유가 생기면 고통스러운 생각이 밀려들어서 강박적으로 쉼 없이 공부했던 것 같습니다. 이런 삶은 결코 좋을 수도 없고 누구에게 권할 수도 없는 겁니다. 공부가 도피처인 사람의 심리를 누구에게 이해해달라고 할 수 있을까요? 이것은 자랑도 아니고 자만도 아닌 그저 절박했던 한때의 고백입니다.

약한 몸이 준 축복

저는 건강한 신체를 가지고 태어나지 않았습니다. 선천적으로 심각한 병이 있다는 사실을 오랫동안 알지 못하고 지냈죠. 고등학교 때 친구들과 설악산 대청봉에 올라갔다가 1,500미터쯤에서 숨을 못 쉴 정도로 고통을 겪었습니다. 그런데도 정상까지 올라갔다가 내려와서는 말짱해진 걸 보고는 친구들이 꾀병이라고 놀렸지요. 신학교 때도 계속 등이 아파서 공부하기가 힘들었는데, 로마 유학 중에는 과중한 공부와 스트레스로 실신해서 구급차에 실려 간 적도 있습니다. 코피도 수시로 났는데, 식사를 하다가 친구들 앞에서 코피가 터진 적도 있었습니다. 하지만 공부를 하면서 코피를 한두 번 흘리는 건 흔한 일이라 대수롭지 않게 생각했습니다.

그러다가 한국에 돌아와 피정을 하던 중 수술을 해야 할 심장병이 있다는 것을 알았습니다. 가슴이 답답하고 호흡곤란이 왔고 소화가 안 되었는데, 후배 신부가 심장의 문제일 수도 있겠다고 했습니다. 그의 말이 맞았습니다. 정밀 검사 결과 심장에 문제가 있었고, 저는 급히 수술을 받아야 했습니다.

몸을 보살피며 살지 않았는데 그래도 그때까지 살아 있었던 건 기적이라고 생각합니다. 몸이 약한 게 모두 심장 때문이었다는 걸 서른 중반에야 알게 되다니요. 그런 줄도 모르고 운동 부족이라 생각하고 숨이 차도록 운동을 하곤 했으니 저도 참 미련

했지요. 통증을 견디느라 늘 진통제를 달고 사니 위까지 나빠졌습니다. 치아가 안 좋아 통증이 극심할 때도 로마에선 치료비가 비싸서 임시변통으로 보드카를 입에 머금고 지내기도 했습니다. 어떤 의사 선생님이 제게 이런 말을 하더군요.

"공부하느라 계속 무리하는데 몸에게 미안해하세요."

모든 것을 놓고 몸을 돌봐야 할 상황인데도 현실적으로 불가능했습니다. 어떻게든 이 몸이 공부를 다 마칠 때까지만 견뎌주기를 바라는 수밖에요. 그 와중에 라틴어 선생님을 찾아 조금씩 자신감과 공부 리듬을 찾으면서 2학년 진급 시험을 통과했습니다. 하지만 학년이 올라갈수록 점점 더 어려운 문제가 쉼 없이 저를 찾아왔습니다.

3학년 때는 동성애, 알코올 중독 등 심리적 문제로 인해 생긴 소송을 다루었기 때문에, 이때는 라틴어의 어려움보다 심리학을 이해하는 것이 난제였습니다. 산 넘어 산이라고 생경한 심리학 용어를 접하자 처음 법률 용어의 벽에 부딪혔을 때와 같은 기분이었습니다. 한국어로 된 책을 구해서 읽는데도 심리학 용어를 이해하고 그것을 어떻게 법적으로 해석할 것인가 하는 문제는 쉽지가 않았습니다.《정신장애의 진단 및 통계편람》 등 심리학과 정신분석학 관련 책들을 찾아 다시 탐독하기 시작했지요. 영어판과 한국어판을 모두 읽어 내려갔습니다.

법리 연구만으로도 시간이 빠듯한데 여기에 심리학 공부를 따로 하려니 스트레스는 극에 달했습니다. 잃어버렸던 자신감을 2학년 중반에야 가까스로 찾았는데 3학년 때 또다시 산을 만난 겁니다. 저는 달력에 하루에 어떤 공부를 얼마나 했는지 꼼꼼히 기록하기 시작했습니다. 그렇게 하지 않으면 그냥 책만 들여다보는 미치광이가 될 것 같았습니다. 달력에 아무것도 표시되지 않은 날은 많이 아팠던 날인데 "아파서 쉬었음"이라고 기록한 적도 있습니다.

'저는 이래서는 안 되겠다, 이러다가 공부를 마치기도 전에 죽겠다'는 생각에 없는 시간을 쪼개 일요일마다 산에 올랐습니다. 아브루초 국립공원엔 해발 2,000미터의 산이 있었는데 스트레스가 극에 달하면 산 중턱까지 뛰듯이 올랐습니다. 지금 생각하면 정말 위험한 행동이었는데, 그런데도 그땐 차라리 숨이 차 쓰러져도 좋으니 공부하는 것보다 매일 그 산들을 뛰어 올라가는 편이 더 나을 것만 같았습니다. 스트레스가 가장 심했던 연수원 3학년 시절에 그 산을 많이 올랐었죠.

그래도 땀을 흘리며 산을 오르다 보면 숨통이 트이고 지친 심신에 한결 에너지가 생겼습니다. 산을 오른 후 준비해 간 파니니에 커피를 곁들여 마시며 주위를 둘러봤습니다. 고도가 높아 나무는 없고 키 작은 들꽃만 가득 피어 있었습니다. 때로 돌만 깔린 길에 뭉쳐서 핀 꽃들을 발견할 수도 있었습니다. 험한 환경에서 피어난 꽃은 더 아름다웠습니다. 이렇게 높은 곳에서 핀 꽃이 고작 땅에서 몇 센티미터 올라온 키 작은 야생화라니, 저는 그곳에서 삶의 역설을 읽었습니다. 어쩌면 낮은 마음, 겸손한 자

이탈리아 중부의 아펜니노 산맥에 있는 아브루초 국립공원.

만이 높은 곳에 살 수 있는 것이 아닐까 하고요.

사람들은 제게 그렇게 건강이 안 좋았으면서 어떻게 공부를 했냐고 묻곤 합니다. 저는 하느님이 저에게 '겸손의 브레이크'를 하나 주셨다고 생각하며 살아왔다고 대답하죠. 저는 조금만 무리를 하면 몸에 신호가 옵니다. 앞으로 나아가고 싶은 욕망이 아무리 커도 몸이 버텨주지 않으면 이룰 수 없습니다. 몸의 속도에 저를 맞춰야 했지요. 건강의 이상 신호는 일종의 '과속방지턱' 같은 역할을 했습니다. 평소 세심한 건강관리로 브레이크가 잘 듣도록 주의를 기울여야 합니다. 그렇게 생각하고 나니 공부나 건강에 대한 스트레스가 오히려 줄어들었습니다. 공부와 건강 때문에 제때 성당을 찾지 못해도 이렇게 생각했습니다.

Studium est mea oratio et mensula est meum altar.

스투디움 에스트 메아 오라티오 에트 멘술라 에스트 메움 알타르.

공부가 나의 기도이고 책상이 나의 제대이다.

3학년 학년 시험은 6월에 있었는데, 판례학, 인간학, 법조윤리 과목을 통과해야만 7월과 11월, 두 번 시행되는 '변호사 자격시험'을 볼 수 있었습니다. 저는 7월에 변호사 자격시험을 보았습니다. 이 공부의 목적지가 머지않은 상황에서 몸이 간신히 버텨내고 있었기 때문에 스트레스와 피로를 풀 수 있는 일이라면 무엇이든 적극적으로 했습니다.

몸이 너무 힘들면 로마의 북쪽에 있는 고대도시 비테르보에 있는 '교황의 온천Terme Dei Papi'에 갔습니다. 예로부터 교황들이 지친 심신을 달래던 온천인데, 한 가지 단점은 제가 있는 곳에서 좀 멀다는 것이었습니다. 그래서 로마의 테르미니(중앙역) 지하에 온천이 있다는 것을 알게 되었을 때 정말 기뻤습니다. 그곳의 뜨거운 물에 몸을 담그면 확실히 스트레스와 피로가 풀리며 기분이 좋아졌습니다. 어떤 괴로운 생각도 온천탕 안에서는 힘없이 풀어졌습니다.

로마에서 60킬로미터 떨어진 산악마을 멘토렐라는 교황 요한 바오로 2세가 묵상과 기도를 위해 자주 들렀던 곳입니다. 험한 산은 아니지만 연로한 몸을 이끌고 오르기엔 만만치 않은 지역인데, '요한 바오로 2세 등산로'라는 이름이 붙여진 그 길을 저 역시 자주 갔습니다. 이때는 심장이 많이 안 좋았을 때라 몇 번이고 쉬어가며 올라야 했습니다. 산 정상을 '멘토넬라'라고 불렀는데, 그 인근에 베네딕토 수도원과 베네딕토 성인이 잠시 머물러 기도했다고 알려진 작은 동굴이 있습니다. 동굴 안에는 돌아가신 분들의 사진이 있었는데, 저는 그 앞에서 이 모든 어려움을 이겨내게 해달라고 기도했습니다. 제가 가는 이 길을 계속 갈 수 있는 힘을 달라고 말이죠.

로마에서 북동쪽으로 60킬로미터 떨어진 곳에 위치한 멘토렐라.

건강을 위한 나만의 루틴

지금은 아침에 일어나면 자동적으로 할 일을 시작해 정해진 시간까지 채워 마무리하지만 이렇게 공부하는 데 익숙해지기까지 40년의 세월이 걸렸습니다. 그래서 제 가까운 지인은 "아직도 세븐 일레븐으로 공부해?" 하고 묻습니다. 물론 심하게 아프고 난 뒤 이제는 이런 식의 삶을 살고 싶지 않다고 생각하면서도, 어느 순간 또 그렇게 하고 있는 저를 발견합니다. 건강을 생각하면 이런 삶이 정말 바람직하지 않은데, 그만두는 것도 참 쉽지 않습니다.

부모님의 헌신적인 지원을 받는 수험생들도 공부는 쉬운 일이 아닙니다. 공부는 체력을 앗아가고 에너지를 소진시킵니다. 가만히 앉아서 책만 보는데 뭐가 힘드냐고 누군가가 묻는다면, 화내지 말고 공부를 제대로 해본 적이 없는 사람의 농담으로 흘려들으면 됩니다. 집중하며 공부를 할수록 에너지도 함께 빠져나가기 때문에 힘이 드는 걸 모르는 사람의 말이니까요.

집중을 할 때까지도 문제입니다. 책상에 앉아 있으면 금방 좀이 쑤십니다. 어느 날, 저는 제 공부 계획표를 다시 생각해보게 됐습니다. 계획이란 것이 계획 자체로 머물 때가 많지만, 다시 보니 아침부터 저녁까지 수업 빼고 빼곡히 공부 계획이 잡혀 있었습니다. 한 과목의 공부가 끝나면 잠깐 쉬고 바로 다른 과목을 공부하는 식이었죠. 저는 깨달았습니다. 제가 '공부하는 노동자'이지 '공부하는 기계'가 아니라는 사실을 간과했다는 걸 말이죠.

사실 입시나 자격증을 준비하는 대부분의 공부가 단위 시간 안에 일정량의 내용을 머릿속에 넣어야 하는 것인데, 중학교에서 고등학교, 고등학교에서 대학교, 그 이후의 자격증 공부까지 머릿속에 강제로 욱여넣어야 할 내용이 너무나 많습니다. 이렇게 하다 보면 어느 순간 머리는 포화 상태가 되고 눈으로는 읽어도 내용은 머리에 들어오지 않게 됩니다.

실제로《카르페 라틴어 한국어 사전》이라는 책 작업을 할 때도 이와 비슷한 일을 겪었습니다. 그럴 때면 일말의 망설임도 없이 책장을 덮고 집 근처에 있는 산으로 갑니다. 숲속을 걸으면 언제 그랬냐는 듯 두통이 사라지고 정신도 맑아집니다. 그러면 집으로 돌아와 다시 작업을 시작합니다.

오랜 시간 저의 공부 계획에 몸을 '가두는' 건 있었지만 '풀어주는' 것은 없었습니다. 중지나 휴식이 없었던 거죠. 라틴어에는 쉼이나 중지를 의미하는 단어인 '파우사pausa'라는 명사가 있고, '휴식을 갖다, 쉬다'라는 의미의 '오티오르otior'라는 탈형동사가 있습니다. 탈형동사란 동사의 어미 변화에 형태는 수동태를 취하면서 그 뜻은 능동의 의미를 갖는 동사를 말합니다. 바로 이 오티오르 동사의 비교급 문법을 설명하는 라틴어 문법책에 공부하는 사람에게 아주 좋은 라틴 예문이 있습니다.

Otiáre, quo melius labores![14]

오티아레, 쿼 멜리우스 라보레스.

더 잘 일할 수 있기 위해서 쉬어라.

이 문장을 공부하는 학생들을 위해 동사 하나를 고치면 훨씬 쉽게 이해할 수 있을 것입니다.

Otiáre, quo melius studeas!

오티아레, 쿼 멜리우스 스투데아스.

더 잘 공부할 수 있기 위해서 쉬어라.

여기서 쉬라고 하는 것은 그냥 무작정 '퍼져서 쉬라'는 의미가 아니라 집중하느라 긴장하고 뜨거워진 머리를 식히라는 것입니다. 신체활동을 통한 회복을 꾀하는 쉼을 의미합니다. 걷거나 달리는 것, 운동을 통해야 하는 건데, 어떤 운동을 할지는 본인에게 달렸습니다. 저는 산책, 걷기를 권합니다. 라틴 속담에도 "적당한 산책은 몸을 회복시킨다**Modica deambulatio corpusculum reficit, 모디카 데암블라티오 코르푸스쿨룸 레피치트**"라는 말이 있지만, 사실 머리에 욱여넣어야 할 것이 엄청나게 많을 때는 이렇게 시간을 따로 내서 걷거나 산책을 하는 것이 부담스럽습니다. 그때 저는 버스나 지하철 등 대중교통을 이용하는 대신 최대한 걷고자 했고, 실제로도 그렇게 했습니다.

우리가 아는 유명한 작가들은 하루에 많은 시간을 글 쓰는 데 할애하고 또 많은 시간 책을 읽으며 보내지만, 거기서 빼놓지 않는 것이 있습니다. 수많은 서스펜스물과 환상소설을 쓴 작가 스티븐 킹에게 산책은 중요한 일과였습니다. 무라카미 하루키는 매일 마라톤을 하는 걸로 유명하죠. 하루키가 마라톤에 대해서 쓴 글 중에 공감이 가는 부분이 있었습니다.

"나는 작가가 되고 나서 달리기 시작했습니다. 작가가 되기 위해서는 하루 종일 앉아 있어야 하기 때문에 어떤 운동이라도 하지 않으면 금방 몸이 망가지고 몸무게가 늘 거라고 생각했습니다. 그것이 22년 전의 일입니다."

매일 앉아 있기는 작가나 공부하는 사람이나 마찬가지입니다. 정말 제대로 공부를 하려고 한다면 책상에서 일어나서 걷는 시간이 꼭 필요합니다. 몸이 움직일 때 우리 뇌는 또 다른 식으로 움직이기 때문입니다. 저도 운동을 하루 일과 중 필수 항목에 넣게 될 줄은 몰랐습니다. 제 공부 계획표에 없었던 건 바로 '공부하듯이 운동'하는 것이었죠. 공부해야 하는 '머리'만 중요시했지 그와 뗄 수 없는 '몸'을 너무 소홀히 했던 것입니다. 해마다 약한 심장을 위해 필요한 시술을 해야 하고 늘 조심하면서 살피지 않으면 언제든 위험해질 수 있는 제 몸 때문에, 공부와 운동은 어느 순간부터 제 일과에서 단짝이 되었습니다.

미치게 공부했다면 미치도록 놀아라

하지만 운동만으로는 부족할 때가 있습니다. 배우는 모든 과정에 있는 사람이 부자연스럽게 몸을 가두고 하루하루를 보내다 보면 잘하다가도 의지가 꺾일 때가 많습니다. 잘못하면 무너져버릴 수도 있습니다. 거기에 그동안 준비한 일의 결과마저 좋지 않으면 자포자기하는 마음이 되곤 하지요. 아무리 좋은 글을 보고, 가까운 친구들과 함께해도 그들이 해주는 위로의 말조차 들리지 않을 때가 있습니다. 어떤 때는 위로가 아닌 비수처럼 꽂힐 때도 있습니다. 그럴 때는 어떻게 해야 할까요?

Semel in anno licet insanire.
세멜 인 안노 리체트 인사니레.

이 말은 "일 년에 한 번은 엉뚱한 짓, 터무니없는 짓을 해도 좋다"라는 의미입니다. 이 말을 듣고 언뜻 "먹고, 마시고, 즐기자Edamus, bibamus, gaudeamus!, 에다무스, 비바무스, 가우데아무스!"라는 말을 떠올리는 사람도 있겠지만, 이것은 아시리아의 왕 사르다나팔루스Sardanapalus의 묘비에 새겨진 비문입니다.[15] 성 아우구스티누스도 자신의 책에서 "일 년에 한 번 미쳐 날뛰는 것은 받아줄 만하다Tolerabile est semel anno insanire, 톨레라빌레 에스트 세멜 안노 인사니레"[16]라고 말했습니다. 아우구스티누스가 사용한 '톨레라빌레tolerabile'라는 형용사는 '참을 만한, 용서할 만한, 용인할 만한, 견딜 만한'이라는 뜻입니다. '열심히' 공부한 당신이 일 년에 한 번 미쳐 날뛰겠다는데 누가 뭐라고 하겠습니까. 인간은 공부하는 노동자는 될 수 있어도, 공부하는 기계가 되어서는 안 되기에 우리는 일 년에 한 번 미쳐 날뛰어야 합니다. 그것은 충분히 '톨레라빌레' 한 일입니다.

> Ferrum ferro acuitur et homo exacuit faciem amici sui.
>
> 페룸 페로 아쿠이투르 에트 호모 엑사쿠이트 파치엠 아미치 수이.
>
> **쇠는 쇠로 다듬어지고 사람은 친구의 얼굴을 다듬는다.**

일 년에 한 번 제대로 함께 미쳐 날뛰어줄 친구가 있으세요? 어떻게 미쳐 날뛰어야 할까요? 각자가 나만의 방법으로 스스로에게 회복할 수 없을 정도의 윤리적, 법적 피해가 돌아오지 않고, 타인에게도 그렇지 않은 방법으로 미쳐 날뛰면 되지 않을까요?

우리는 공부를 시작하기에 앞서 공부를 잘해야 한다는 강박보다는 공부하는 시간 사이사이의 부담과 긴장을 어떻게 하면 풀 수 있을지 고민할 필요가 있습니다. 공부나 일이나 긴장만큼이나 이완은 중요합니다. 철학자 한병철 선생의 말씀이 생각납니다.

"오늘날의 피로사회는 시간 자체를 인질로 잡고 있다. 이 사회는 시간을 일에 묶어두고, 시간을 곧 일의 시간으로 만들어버린다. 일의 시간은 향기가 없다. 오늘날 우리에게는 일의 시간 외에 다른 시간이 없다. 쉬는 시간도 다른 시간이 아니다. 쉬는 시간은 그저 일의 시간의 한 국면에 지나지 않는다. 일의 시간은 오늘날 시간 전체를 잠식해버렸다."[17]

여러분의 일과표에는 무엇이 들어 있습니까? 일의 시간, 공부의 시간이 향기가 될 수 있기를 바라며, 쉬어야 할 때 충분히 쉬고 반드시 운동하는 시간을 갖기 바랍니다. 오랫동안 그렇게 살지 못해서 힘들었던 제가 가장 확신을 가지고 드릴 수 있는 조언입니다.

Quod in juventute non discitur, in matura ætate nescitur.

쿼드 인 유벤투테 논 디쉬투르, 인 마투라 애타테 네쉬투르.

젊어서 배워지지 않은 것은 나이 들어서도 모른다.

13장

공부와 우정

저는 다른 어떤 때보다 대학에서 강연을 할 때 보람과 기쁨을 느낍니다. 그 가운데 인제대학교와 카이스트에서 학생들이 눈을 반짝이며 강연을 듣던 모습을 지금도 잊을 수가 없습니다. 준비한 좌석이 가득 차서 나머지 학생들은 계단에 옹기종기 앉아서 들어야 했죠. 강연이 끝나고 많은 학생들이 개인적인 질문을 하곤 합니다. 주로 공부와 관련된 것이었습니다. 학생들의 질문은 대답하기 어려운 것들이 많았는데, 특히 이 질문이 저에겐 그랬습니다.

"공부하면서 친구 관계는 어떻게 해야 할까요?"

친구들도 안 만나고 공부에만 집중하다 보니 서서히 멀어져서 결국 친구를 잃게 될까 봐 고민하는 학생들이 많았습니다. 공부한다는 이유로 가까운 친구들까지 안 만나는 건 너무 유난스러운 게 아닐까 하는 생각이 든다는 겁니다.

"아…, 그건 저도 잘 못하는 일인데요."

제가 대답하니 질문한 학생이 밝게 웃더군요. 이런 질문에 제가 답할 자격이 있는지 잠시 생각에 잠겼습니다. 사실 저는 대인관계에 서툴고 친구도 그다지 많지 않습니다. 지금까지도 그렇습니다. 제게는 뚜렷한 용건이 없어도 만나서 차 한 잔 나누며 이런저런 이야기를 느긋하게 나누는 일이 어색하게 느껴집니다. 솔직히 말씀드리면, 저는 대인관계가 가장 어렵습니다.

건강이 좋지 않았던 저는 오래전부터 공부를 하려면 시간을 쪼개고 해야 할 분량을 나누고 쏟아야 할 힘을 분배해야 했습니다. 꾸준히 조금씩 하지 않으면 몸이 버티지 못했습니다. 건강하지 못한 몸은 약점이었지만 날마다 꾸준히 공부하는 습관은 강점이 되었습니다. 그러나 늘 공부 시간을 먼저 짜놓고 사람들을 만나다 보니 '관계'에 문제가 생겼습니다. 사람들을 만나면서도 늘 강박적으로 시간을 확인했습니다. 그런 모습을 좋아할 리가 없었지요.

이런 결과는 저의 조건에 따른 선택이었으므로 누구도 탓할 수 없습니다. "친구는 필요 없다", "친구를 안 만들겠다", "친구를 안 만나고 공부만 하겠다"는 것이 저의 선택은 아니었습니다. 그런 생각은 가당치도 않고 해본 적도 없습니다. 그렇지만 지난 시간을 돌아보니 숨 가쁘게 살아온 시간 사이에 친구가 들어올 틈이 없었던 것이 사실입니다. 의도한 건 아니었지만 결과적으로 그렇게 되었습니다. 너무 한곳만 바라보며 매달리다 보니 어느 한구석 친구라는 존재가 들어올 공간이 없었던 겁니다.

그보다 더 본질적인 문제는 저는 어떤 누구에게도 그 사람이 필요한 만큼의 그 무엇을 먼저 해줄 수 있는 친구가 되지 못했다는 겁니다. 꼭 무엇인가를 해주어야 친구가 되는 건 아니지만, 처음 친구가 될 때는 그런 게 필요하지요. 마음의 여유가 없어서 누군가의 곁이 되어 주지 못했으니, 말하지 않아도 서로의 마음을 아는 편안한 '진짜 친구'가 생기지 않았습니다.

목표를 위해 무엇을 포기해야 할까

사실 절대 시간이 필요한 학문을 탐구하거나 긴 시간 집중해야 하는 어떤 공부를 해야 한다면, 거기에 온전히 집중하는 동안은 필연적으로 친구들에게 소홀해질 수밖에 없습니다. 두 가지를 다 잡기는 정말 힘들다는 걸 굳이 말하지 않아도 많은 사람들이 알고 있을 것입니다. 사람마다 공부법이 다르고 능률이 달라도 절대적 시간을 바쳐야 한다는 점은 공부에 있어서 변하지 않는 진실이죠.

한 가지 질문을 해보겠습니다. 지금 해야 할 공부에 집중하며 친구들과 멀어질 때 자괴감이 클까요? 아니면 공부하는 틈틈이 친구들과 만나서 관계를 다지느라 공부에 집중하지 못할 때 자괴감이 더 클까요? 이는 사람마다 다르기 때문에 어느 것이 옳다고 할 순 없지만, 분명히 49대 51이라도 한쪽으로 기우는 마음은 후자일 가능성이 큽니다. 공부는 지금 하지 않으면 안 되고 친구는 조금 뒤에 만나도 된다는 걸 이성적으로 누구나 알고 있기 때문입니다. 공부하지 않는 내 삶을 친구가 책임져주는 것이 아니라는 사실도 우리는 잘 알고 있습니다. 알고 있다면, 우리는 선택해야 합니다.

공부하느라 자주 못 만나서 결국 멀어지는 친구라면 진짜 친구가 아닐지도 모릅니다. 어느 한 친구가 "난 공부하느라 당분간 너희들을 못 볼 거다. 좋은 결과를 만들고 웃으면서 만나고 싶다. 그땐 내가 밥과 술 다 쏜다! 꼭 그렇게 되어서 보자"라고 말하고 실행에 옮긴다면 그 친구 그룹은 긍정적인 자극을 받을 수도 있다고 저는 생각합니다. 친구가 저런 모습을 보이면 다른 친구도 자신을 돌아보며 또 비슷한 결심을 할 수 있지 않을까요? 사실 친구들도 대부분 같은 처지에 있기 때문에 시간에 쫓기고 해야 할 일이 많아 같은 고민을 하고 있지만 말하지 못하고 있을지도 모릅니다. 그럴 땐 대화가 필요하죠.

인생을 살면서 진짜 친구는 그렇게 많지 않습니다. 내 마음을 털어놓고 이야기할 친구가 한두 명만 있어도 인생을 잘 산 것이라는 말도 있죠. 그 몇 안 되는 사람들이 여러분이 잘 되는 걸 질투하지 않고 진심으로 기뻐해주고 축하해준다면, 여러분은 꽤 괜찮은 인생을 살고 있는 걸 겁니다.

친구들과의 관계로 고민하는 자신의 마음을 잘 들여다보세요. 내가 그냥 여럿이 어울리는 것을 좋아하고 그 자리에 끼지 못하면 서운하거나 소외되는 것 같아 초조한 건 아닌지. 친구와의 관계 문제가 아니라 그런 모임의 즐거움을 포기하기가 어려운 건 아닌지. 오늘 해야 할 공부를 두고 친구를 만나러 나가는 것은 쉬운 선택에 속합니다. 그리고 책상 앞으로 돌아와 공부에 집중하지 못하는 자신에게 짜증이 나서 다시 공부를 놓고 휴대전화를 들여다보는 일 역시 쉬운 선택에 속합니다. 아무것도 달라지지 않는 쉬운 선택이지요.

사람은 동물과 달리 여러 가지를 한꺼번에 할 수 있지만, 사람도 동물이 사냥을 할 때와 같이 절실한 어떤 목표를 향해 나아갈 때는 다른 것을 포기해야 합니다. '선택과 집중'이라는 말이 있죠. 배고픈 사자가 가젤을 쫓을 때 다른 것에는 눈길도 주지 않고 오직 거기에만 고도로 집중합니다. 가젤도 맹수를 따돌릴 만만치 않은 무기를 가지고 있으니까요. 가벼운 몸과 빠른 달리기 실력을 가지고 있고, 잡아먹히지 않아야 한다는 절박함은 사자에게 뒤지지 않으니 추격전은 막상막하입니다.

저는 능력 있는 사람이 아니었기 때문에 포기해야 할 것이 더 많았습니다. 제가 유학하면서 가졌던 단순한 일과표는 많은 것들을 포기한 결과물이기도 했습니다. 여행도 생각하지 않았고 좋아하는 것도 생각하지 않았고 여타 모임이나 교류를 위한

사냥할 때 사자는 오직 목표에만 집중한다.

자리도 대부분 포기했습니다. 그러나 확실히 하루 일과표를 단순하게 짜면서 공부에 대한 집중력은 더 좋아졌습니다. 사람들과 친교하는 시간은 없었지만 운동하고 휴식할 시간은 꼭 계획표에 넣는 식으로 하루 일과를 단순하게 만들었습니다. 그 결과, 무리하지 않으면서 리듬감을 가지고 꾸준히 공부할 수 있었습니다.

저는 너무 걱정하지 말라고 말하고 싶습니다. 친구를 잠시 포기했다 해도 사이를 도저히 회복할 수 없는 관계로 망가뜨리지만 않는다면 언제든 다시 좋은 관계가 될 수 있습니다. 안 만나도 늘 그리워하는 사이, 안 만나도 유대가 든든한 관계, 그것이 친구인 거겠죠. 친구라면 당신의 선택이나 결정을 지지하고 응원할 겁니다.

희망을 갖는 한 다른 삶을 살 수 있다

관계에 어려움을 겪는 저 같은 사람이 해줄 수 있는 진짜 조언은 지금부터입니다. 그건 어떤 목표에 도달했든 어떤 성취를 했든 친구 앞에서 오만과 교만은 저 멀리 던져두어야 한다는 겁니다. 여기에 저의 아픈 경험이 있습니다.

한국에서 다시 로마로 돌아가 사법연수원 2학년 진급 시험에 떨어졌을 때입니다. 심리적으로 깊이 가라앉아 바닥을 헤매고 있자니 석박사 과정을 끝낸 후 한국에서 온 후배들을 대할 때의 제 태도가 생각났습니다. 저는 짧은 시간에 두 과정을 마친 성취감에 들떠서, 한편으론 그동안 너무 달리기만 해서 완전히 지치고 예민해진 탓에, 유학을 와서 모르는 것도 많고 공부를 힘들어하는 후배들을 제대로 배려하지 못했습니다. 그들을 도와주고 길잡이가 되어줬다면 그렇게 힘들어하지 않았을 텐데 저는 그러지 못했습니다. 그저 "내가 했으니까 너희도 할 수 있다", "책에 다 나와 있는데 왜 그걸 모르냐" 하는 말만 되풀이했습니다.

후배들이 그런 제 모습을 보고 어떻게 생각했을까요? 2학년 진급 시험에서 실패를 경험하고 나자 그들의 기분을 헤아릴 수 있었습니다. 얼마나 어이없고 오만하게 보였을까? 겸손이라고는 찾을 수 없고 선배라고 인정하고 싶지 않을 정도로 보기 싫었을 게 분명합니다. 그때의 친구와 후배가 모두 저를 떠났어도 저는 그들을 탓할 수 없었을 겁니다. 마음 같아서는 한 사람 한 사람 찾아가 미안한 마음을 전하고 싶었지만 그땐 사실 두려웠습니다. 제 뜻대로 로마로 다시 왔기 때문에, 그 사정을 아는 이들 앞에서 이런저런 이야기를 하는 것이 좋아 보이지 않을 것 같았기 때문이죠.

조용히 있다가 훗날 기회가 있을 때 용서를 청하리라 생각하고 한국 유학생 모임에도 나가지 않았습니다. 순명하지 않고 내 뜻을 고집하며 여기까지 왔다는 죄스러움, 그런데도 그 결과나 성과가 보잘것없을지 모른다는 두려움, 상처받은 사람들에 대한 미안함까지, 복합적인 감정들이 뒤섞여 사람들의 얼굴을 보며 아무렇지 않게 대화할 수는 없었습니다. 그래서 저는 스스로에게 벌을 준다는 심정으로 철저히 홀로 지내며 침묵했습니다.

이제 저는 다시는 혼자이고 싶지 않습니다. 누군가와 좋은 관계를 만들어가는 게 어렵고 서투르지만, 그래서 또다시 의도하지 않은 어떤 실수를 할지도 모르지만, 혼자서만 열심히 하기보다 어떤 일이든 더불어, 함께하고 싶습니다. 늘 제 자신을 평범한 사람이라고 말하는 이유도 혼자서는 아무것도 할 수 없기 때문입니다. 뛰어난 사람에게도 친구가 필요한데 하물며 평범한 사람에게는 더욱 힘을 보태고 나눌 친구가 필요합니다.

저는 종종 스스로에게 무엇이 희망이냐고 묻습니다. 한 친구가 먼 이국땅에서 제게 보낸 시에 '절망하지 않는 것이 희망'이라고 적었습니다. 저도 동감합니다. 저도 이제 누군가의 곁이 되어줄 수 있다는 희망을 버리지 않습니다. 하지만 그 누군가의 곁이 되어주고 싶은데, 그 사람도 나의 곁이 되고 싶을까요? 해가 지고 혼자 있을 때 수많은 두려움과 걱정이 밀려옵니다. 누군가의 곁이 되어주고 싶은 나의 마음이 오히려 해가 되지는 않을까? 내 마음을 부담스럽게 느끼지 않을까요? 그래도, 절망하지 않고 계속 희망하며 노력해보려고 합니다.

Qui spem habet, aliter vivit; quoniam nova vita data est illi.

퀴 스펨 하베트, 알리테르 비비트; 쿼니암 노바 비타 다타 에스트 일리.

희망을 가진 이는 다른 삶을 살게 된다. 희망하는 이는 새 생명의 선물을 받는다.

14장

깊이는
타인이 주지 않는다

요즘 학교는 그렇지 않지만, 제가 다니던 시절에는 체벌이 흔했습니다. 지금도 떠올리면 가슴 아픈 일화가 있습니다. 고등학교 때 한 선생님은 날짜대로 번호를 불러 책을 읽게 했는데 그날은 제 차례였습니다. 일어나 책을 막 읽기 시작했는데 옆에 앉은 짝꿍이 선생님이 안 보실 때 제 옆구리를 콕콕 찌르며 장난을 쳤습니다. 순간 참지 못하고 웃음이 터졌는데 한 번 웃음이 나니 쉽게 멈출 수가 없어 저는 결국 책을 제대로 읽지 못했습니다.

선생님은 얼굴이 굳어진 채로 제게 앞으로 나오라 했습니다. 제가 나가니까 손목시계를 푸시더니 제 얼굴을 잡고 뺨을 사정없이 때렸습니다. "이 녀석 봐라. 볼이 넓어서 따귀 때리기 딱 좋네" 하면서요. 정신없이 맞고 자리로 돌아와 짝꿍을 바라보니 그도 미안해 어쩔 줄을 몰라 해서 오히려 제가 눈을 피해주었습니다. 창피하기도 했고 속상하기도 했지만 선생님의 권위가 지금보다 더 견고할 때였으니 조용히 그 시간을 견뎌야 했습니다. 조금 시간이 지나면서 마음이 진정되고 괜찮은 것 같기에, 저는 정말 괜찮은 줄 알았습니다.

그런데 문제는 그 후에 생겼습니다. 저는 누군가의 앞에서 책을 소리 내어 읽거나 발표 같은 걸 해야 할 때 제대로 말할 수 없게 되어버렸습니다. 몸은 단단하게 긴장되고 가슴이 마구 뛰면서 머릿속은 뒤죽박죽, 말도 더듬었습니다. 그냥 글자를 보며 읽기만 하면 되는 건데도 할 수가 없었습니다. 저도 모르게 그 사건이 깊은 트라우마가 되어 오래도록 괴롭혔던 것이죠.

언젠가 포털 사이트에서 한 가지 제안을 받았습니다. 저자가 자신의 책을 직접 읽어주는 오디오북 콘텐츠가 있는데, 제 책 《라틴어 수업》을 읽어주면 어떻겠냐는 것이었습니다. 저는 길게 생각해볼 것도 없이 '못한다'고 했습니다. 이젠 강의도 문제없이 하고 책도 소리 내서 읽을 수 있지만, 여전히 책을 읽는 건 되도록 하고 싶지 않은 일이기 때문입니다. 그 포털 회사도 출판사도 난감해 했지만 저는 끝내 하지 않았습니다.

이 두려움을 극복하는 데에는 정말 오랜 노력과 시간이 필요했습니다. 그 일 이후 별로 유쾌하지 못했던 학교생활은 저를 더 무기력하게 만들었습니다. 유학 기간 동안 대부분의 시험 형식이 구술시험이었던 건 제게 굉장한 고통이자 도전이었습니다. 초반에는 그야말로 죽을힘을 다해 해냈던 기억이 납니다. 교수님들이 외국인 학생이라 인내심을 가지고 들어주시고 때로 용기를 주셨기 때문에 조금씩 이겨나갈 수 있었죠.

저는 지금도 생각합니다. '그게 그렇게까지 가혹하게 처벌해야 할 행동이었나?' 로마시대에는 '학교에 다니다scholam frequento, 스콜람 프레퀜토'라는 말보다는 '회초리에 손바닥을 내밀다manum ferulae subducere, 마눔 페룰래 숩두체레'라는 말이 '학교에 다니다'라는 의미로 사용될 정도로 학교에서의 체벌이 일상적인 것이었습니다. 자녀가 학교에서 매를 맞고 오면 부모는 오히려 자녀를 놀렸다고 합니다. 성 아우구스티누스의 《고백록》에서 그런 내용을 찾아볼 수 있습니다.

"글을 배우라고 학교에 보냈는데 가엾게도 저는 글을 배워 무슨 소용이 있는지 도무지 알 수가 없었습니다. 하지만 배우기에 조금이라도 굼뜨면 매를 맞곤 했습니다. 어른들은 그 매질이 잘하는 짓이라고 여겼고, 저희보다 앞서 그런 삶을 꾸려간 숱한 사람들이 그 힘겨운 길을 미리 닦아 놓은 터였으므로, 아담의 후손들이 물려받은 수고와 고통을 안고서 저희도 그 길을 거치도록 강요를 받았습니다. … 저희가 어린애로서 선생님들한테 당하는 그 모진 고문을 두고 저희 부모님들이 웃어넘기던 품이 바로 그렇지 않았습니까? … 저희한테 요구한 것보다 덜 읽고 덜 쓰고 글에 대해서 덜 생각한다고 해서 결국 저희는 죄를 짓고 있는 꼴이 되고 말았습니다."[18]

학교에서의 일상화된 체벌은 제가 학교를 싫어하는 이유가 되었습니다. 툭하면 맞고, 벌을 서고, 단체 기합을 받았으니 두렵기도 했지만 동시에 지겹기도 했습니다. 아우구스티누스 시대에는 글을 덜 쓰고 덜 배워서 혼났다면, 제가 고등학교를 다닐 때는 수학 문제를 못 풀어서 맞았습니다. 저는 그때 맞아가면서 배운 수학 문제 가운데 그 어떤 것도 지금 기억하지 못합니다. 일상에서 사용하는 것도 없고요. 매를 맞을 때 끊임없이 자책하던 제 모습만 기억에 남아 있네요.

제가 그 트라우마에서 벗어나려고 애를 쓸 때마다 이런 생각을 했습니다. '남이 그렇게 했다고 내가 망가질 필요는 없다. 내 영혼은 남이 어떻게 할 수 없는 것이다.' 그러면서 좋은 대학을 가기 위해 공부해야 하는 과목들에 흥미를 잃고, 역사, 철학, 음악과 미술사에 관한 책을 읽는 일이 많아졌습니다.

제가 중고등학생이던 시절만 하더라도 "나 오늘 선생님한테 맞았어"라고 말하면 "맞을 짓을 하니 맞았겠지"라고 말하는 학부모가 열 명 중 적어도 한두 명은 있었습니다. 학교에 선생님을 뵈러 간 부모들은 아이를 앞세우고 "선생님! 이 녀석을 때려서라도 가르쳐주세요"라고 아무렇지도 않게 말하곤 했죠. 학교생활을 잘 못하거나 공부를 못하는 것이 죄가 되는 시절이었습니다. 오늘날, 체벌은 많이 사라졌지만, 어딘가 닮은 구석도 보이지 않나요? 지금의 우리 사회도 공부를 못하면 죄의식을 갖게 만들고 있지 않습니까?

사유하여 스스로 만들라

고등학교를 졸업한 뒤 대학에 진학해서는 물리적 체벌은 없었지만 '훈화' 시간이 또 하나의 체벌처럼 다가왔습니다. 오래된 강의록을 읽어 내려가는 교수님 아래서 받아 적는 일을 잠시 쉴 수 있었던 때는 갑자기 '훈화'를 할 때뿐이었죠. 대부분 '학생들이 공부를 하지 않는다', '저녁 8시 끝기도 후에 대침묵을 지키지 않는다', '수요일 오후 외출과 일요일 외출 시간에 나가서 술을 많이 마신다' 등등 수업과는 전혀 관련이 없는 얘기들이었죠. 그렇다고 별도의 훈화 시간이 없는 것도 아닌데 말입니다. 어떨 때는 짧게는 10분 또는 한 시간 내내 수업 대신 훈화를 들어야 했는데, 그런 시간이 쌓일수록 반성과 자책이 습관이 되어갔습니다. 학교를 졸업하고 상당한 시간이 지날 때까지도 저는 그때 '내가 그리고 학생 친구들'이 늘 잘못을 많이 했다고 생각했습니다.

로마에서 구술시험을 볼 때였습니다. 저는 열심히 공부하고 준비를 한 덕에 30점 만점에 30점을 받았습니다. 돌아가려 하는데, 그때 교수님은 한 가지 제안을 하셨습니다.

"잘했네. 지금 내가 묻는 것에도 대답을 해보게."

교수님은 이 대답에 따라 '트렌타 에 로데(만점 외 추가점수)'를 주겠다고 하셨죠. 저는 추가 점수를 받을 생각에 기분이 좋아서 흔쾌히 그러겠다고 대답했습니다.

"지금까지 자넨 내가 물어본 것에 대해 대답을 아주 잘했네. 하지만 그것은 내가 강의 시간에 한 이야기이고, 그럼 그에 대한 자네의 생각은 무엇인가?"

순간 눈앞이 깜깜해졌습니다. 저는 아무 말도 하지 못했습니다. '내 생각? 나는 생각해본 적이 없는데, 내 생각을 이야기하면 늘 혼났는데. 그럼 난 생각하지 않았나? 수업 시간에 교수님이 말씀하신 것 외에 나는 아무 생각이 없었던 건가?' 제 마음을 읽으셨는지 교수님은 서둘러 말씀하셨습니다.

"그냥 30점으로 하세."

한국에선 수업시간에 제가 생각하는 바를 말했다가 좋은 소리를 들은 기억이 없었습니다. 그렇게 입을 닫고 지내다 보니 생각도 멈춰버린 걸까요? 그래도 신학교에 다니던 시절에는 요한네스 힐쉬베르거Johannes Hirschberger가 쓴 《서양철학사》 상하 권을 끝까지 읽으며 책 여백에 빼곡하게 제 생각을 적어 넣은 적이 있습니다. 그 흔적으로 후배들이 끝까지 이 책을 읽어낸 유일한 사람으로 저를 기억해주었는데, 그때의 저는 어디로 간 걸까, 생각하니 부끄러워졌습니다. 시험을 만점 받으면 뭐하나, 자기 생각을 한 줄조차 말하지 못했는데. 큰 선물을 받았다가 금방 빼앗

긴 아이처럼 허무했습니다.

기숙사로 돌아오면서 '대체 내 생각은 뭐지?' 하고 안타까워한 기억이 아직도 생생합니다. 학창 시절 경험한 물리적 체벌과 심리적 체벌의 트라우마가 그대로 남아서 제 사고를 옭아맨 게 아닐까 싶습니다. 당시 우리의 교육은 마치 유리 상자 안에 식물을 하나 심어놓고 햇볕이 들고 있으니 잘 자랄 것이라고 믿는 것과 같았으니까요. 체벌을 통한 죄의식의 내재화는 자기만의 생각을 말하는 걸 주저하고 두려워하게 만들었고, 결과적으로 생각하지 않고 말하지 않는 수동적인 사람이 되도록 했습니다.

Nolcbamus, discipulos tædĕret scholæ.

놀레바무스, 디쉬풀로스 태데레트 스콜래.

우리는 학생들이 수업(학교)을 싫어하는 것을 원치 않았다.

아우구스티누스는 체벌이든 훈화든 학교에서 체벌이 일상적으로 일어나면 그렇게 공부한 사람들이 어른이 되어서는 더욱 야비한 사람이 된다고 말한 바 있습니다. 그런데 놀랍게도 이런 점은 오늘날 우리 사회와 비교해도 크게 달라지지 않은 듯합니다. 야비한 사람이 되기 위해 힘들게 하는 공부가 무슨 의미가 있을까요? 야비한 행동을 하는 위치와 지위에 오르게 하기 위한 체벌과 훈화가 과연 무슨 의미가 있을까요?

저는 그 시험 이후 '사유의 날개'를 폈습니다. 한국에선 내내

세계 최초의 대학인
볼로냐 대학.
1088년 법학 대학이
개설됐다.

야단만 맞아서 어느 순간 입을 닫았지만 거기에선 그런 눈치를 볼 필요가 없었기 때문에 마음 편히 말할 수 있었습니다. 《서양철학사》에 빼곡하게 생각을 적어 넣던 제 모습을 되살려, 이런 저런 수업이나 대화중에 제 생각을 망설이지 않고 말했습니다. 교수님과 친구들은 "너 어떻게 이런 생각을 했어?", "네가 원래 이렇게 생각을 조리 있게 말할 줄 아는 사람이었나?"라며 많이 놀랐습니다. 그렇게 학생을 후하게 평가해주는 훌륭한 교수님들 덕분에 저는 제 생각을 더 크게 키울 수 있었습니다.

학생들의 자발적이고 능동적인 사고와 대화는 학문 탐구에서 중요한 덕목입니다. 대학의 탄생도 그렇게 이루어졌습니다. 유럽에서 탄생한 세계 최초의 대학은 1088년 문을 연 법학 대학인 볼로냐 대학입니다. 이 대학은 어떤 공공기관이나 국가 권력에 의해서 계획적으로 세워진 것이 아닙니다. 중세시대의 대표적인 교육 기관이라고 할 수 있는 '3과 학교'에서 오랜 시간 문법, 논리학, 수사학을 배우던 학생들이 새로운 학문을 전하는 선생님에 대한 소문을 듣고 그 선생님을 찾아가면서 시작된 것입니다.

그 선생님이 바로 훗날 '법학의 아버지'라고 불리게 되는 법학자 이르네리우스입니다. 학생들은 스스로 학생 대표를 뽑아 선생님을 만나 수업 시간을 상의했습니다. 수업 일수를 정하고 강의료도 결정해서 이르네리우스에게 법학을 배우게 됩니다. 수강생 모임을 가리키는 '우니베르시타스universitas'라는 단어는 지금의 대학을 의미하는 말이 되었습니다. 자발적으로 새로운 지성을 추구하고 배움을 갈망하는 학생들에 의해서 자연스럽게 생긴 대학에는 이후 의학, 철학, 신학 등 새로운 과목이 생겨났고, 그 결과 교육과 학문이 크게 진보하게 됩니다.

여담이지만, 유학을 하면서 학생들이 갈망하는 건 따로 있구나 하는 생각을 했습니다. 유학생들 사이에서 떠도는, 일명 '족보'입니다. 족보는 수업 내용의 핵심을 정리한 것인데, 조금 수월하게 공부하고 시험 준비를 하는 데 유용합니다. 한국 유학생들도 선배들의 족보를 구하려고 애씁니다. 아무에게나 공유하지 않고 소수만 보는 고급 족보를 구하기라도 하면 왠지 든든하고 이미 공부를 다 한 것 같은 기분까지 듭니다.

저도 족보를 제법 많이 얻어서 보았습니다. 그런데 수업 내용만 요약해놓거나 단편적 질문에 단답형 답변을 정리해놓은 족보는 큰 도움이 되지 않았습니다. 그래서 저만의 새로운 족보를 만들었습니다. 일명 '유러피안 족보'인데, 지문을 하나만 읽어도 그 지문이 들어간 글 전문이나 책 전체를 통찰할 수 있는 내용으로 채웠습니다. 이탈리아를 비롯한 유럽 국가의 학생들이 중고등학교 때부터 공부하는 방식으로, 이를 통해 직관과 통찰의 힘을 키웠습니다. 앞에서도 말한 100을 준비해서 20을 발휘하기 위한 공부 방식이기도 합니다. 그 결과 시험 통과를 넘어서 꽤 뛰어나다고 하는 유럽 학생들의 공부 수준에 근접할 수 있었습니다.

지금 우리는 체벌이 반교육적이라는 사회적 합의를 이루어, 학교에서는 과거와 같은 체벌이 이루어지지는 않고 있습니다. 학생들은 자기가 생각하는 것을 자유롭게 말할 수 있게 되었죠. 그런데 문제는 또 있습니다. 우리 교육이 학생들로 하여금 생각할 시간은 주지 않는다는 점입니다. 세상은 빠른 속도로 변하고, 학교는 안 그렇다고 부인하고 싶어도 결국 학생들은 입시와 취업을 위한 공부를 하기에도 벅찬 상황입니다. 생각할 시간이 없고 정답이나 해답만 찾아야 합니다. 학원의 도움을 받아서라도 그 답을 찾는 걸 더 중요하게 생각합니다.

하지만 정말 생각할 시간이 절대적으로 없는 걸까요? 오늘날 많은 학생들이 방송의 편집 영상이나 유튜브를 즐겨봅니다. 어른들도 마찬가지입니다. 책 내용을 요약해주거나 인문학적 지식들을 전해주는 콘텐츠를 이런 경로로 보는 사람도 꽤 많을 겁니다. 이런 콘텐츠를 보면 교양과 지식이 쌓일 테니 안 보는 것보단 낫다고 생각할 수 있습니다. 물론 나쁜 선택은 아닙니다. 하지만 깊이는 없습니다. 깊이는 타인이 주지 않기 때문입니다. 깊이를 만들어가는 것은 오로지 치열하게 사유하는 나 자신의 몫입니다.

철학적 사유의 필요성

알파벳 T는 산스크리트어 'त(Ta)' 음가에서 온 것으로, '한 사람'이 땅에서 하늘에 있는 '두 개의 별'을 바라보는 모습을 선으로 이어 형상화한 것입니다. 하늘에 있는 두 개의 별을 가로선으로 이어주고 땅 위에서 그 별을 바라보는 사람의 시선을 세로로 그어 가로선에 연결한 것이죠. 이것이 알파벳 'T'입니다. 그래서 산스크리트어의 영향을 받은 유럽어의 '별'이라는 단어에는 거의 'T'가 들어가지요. 라틴어 '스텔라Stella'에도, 영어 '스타Star'에도. 철자 하나도 그 철자가 나온 역사를 살펴보려면 이렇게 시대를 거슬러 올라가야 합니다. 시대를 건너뛰어 누군가의 머릿속에서 갑자기 튀어 나온 것이 아니라는 의미죠.

사고에는 비약이 있을 수 있지만 비약의 빈 공간 사이에 논리의 흐름이 있어야 합니다. 그래서 공부가 필요한 것이고, 미련한 듯 보이는 지루한 공부를 해나가야 하는 이유가 여기 있습니다. 탄탄한 논리가 뒷받침되는 공부가 전제되어야 사고의 비약, 사고의 크로스오버에도 무너지지 않습니다. 벼락치기 공부나 단순한 지식의 습득만으로 어떤 기준선이 있는 시험은 통과할 수 있을지 모릅니다. 하지만 깊은 사고를 통한 직관과 통찰로 진정한 학문적 진보를 이루거나, 그럼으로써 우리 앞에 놓인 수많은 삶의 문제를 조금 더 나은 방법으로 해결할 수 있는 저력을 기대하긴 어렵습니다.

오늘날 우리는 왜 이렇게 '선택'하는 일에 어려움을 느낄까요? 왜 자신의 진로를 결정하는 걸 이렇듯 힘들어할까요? 저는 여러분이 길에 머무르거나 혹은 주저앉지 않길 바랍니다. 요즘 학생들은 매우 훌륭합니다. 뛰어난 언어 능력과 인문학적인 지식들, 세계를 경험하면서 견문을 넓히고 도전하기를 즐기죠. 놀라울 정도로 발달된 IT 환경에서 창의적으로 지식을 활용하는 것을 보고 있으면 감탄이 절로 나옵니다. 예전에는 꿈도 꾸지 못하는 것을 해내고 있으면서도 지레 안 될 거라고 생각해 포기하거나 자책하는 것이 안타까울 뿐입니다. 출중한 능력을 가지고도 무엇을 해야 할지 몰라 그대로 멈춰 있거나 방향을 찾지 못하는 젊은이들을 만나면 마음이 정말 무거워집니다.

요즘 사람들은 웰빙wellbeing과 웰다잉welldying에 대한 이야기를 많이 하지만 그게 가능하려면 저는 웰씽킹well thinking이 선행되어야 한다고 생각합니다. 그러나 평소에 훈련되지 않은 웰씽킹은 시험 문제를 풀 때만 가동되는 급조된 사고력으로는 길러질 수 없습니다. 그건 긴 시간 동안 해온 풍부한 인문학적 사유가 누적될 때만이 발현될 수 있습니다.

세계는 생각보다 빠르게 미래의 시간으로 달려가고 있고 개인들은 이 시간을 점점 예측하기 어렵고 준비하기도 어려워지고 있습니다. 한 가지 예측할 수 있는 건 국가든 사회든 개인이든 거기에 열광할 콘텐츠가 있는가 없는가가 점점 중요해진다는 점입니다. 그러나 좋은 콘텐츠라고 해도 철학의 빈곤은 언제든 치명적인 불안 요소가 될 수 있다는 점을 기억해야 합니다.

제가 중고등학교를 다니던 1980년대엔 홍콩 영화의 붐이 엄청났습니다. 성룡을 비롯해서 많은 홍콩 배우들의 이름을 줄줄 꿰고 다녔고, 그들을 흉내 내며 놀았던 기억도 납니다. 그러나 지금은 어떻습니까? 유행에 민감한 대중문화의 속성이라고 치부해버리기에는 홍콩 영화 산업의 쇠퇴가 너무나 처참합니다. 개인적인 의견을 말하자면, 인간의 삶에 대한 문제의식과 변화하는 시대정신이 담긴 주제를 탐구하고 고민하는 영화인들이 부족했기 때문이라고 생각합니다.

웃음을 주거나 재미있는 영화가 오래 기억되거나 긴 시간을 거슬러 다시 선택되기 힘든 이유는, 재미도 시대를 가리고 유행을 타기 때문입니다. 1980년대의 홍콩영화가 지금 봐도 그렇게 재미있을까요? 시시할 뿐만 아니라 헛웃음이 나오기 십상입니다. 재미 코드와 웃음 포인트가 30년 이상의 시간이 지나면서 달라졌기 때문입니다. 추억을 더듬기엔 좋을 수 있지만, 그때 가졌던 재미와 감동을 똑같이 느낄 수는 없을 것입니다.

재미있는 영화의 무용론을 말하고자 하는 게 아닙니다. 당장 재미있고 스트레스를 풀 수 있는 상업 영화도 분명 필요하지요. 다만 제가 얘기하고 싶은 것은 철학이 있는 콘텐츠의 생명력입니다. 우리가 살아가고 있는 이 사회는 생각하는 공부를 하는 사회인가? 한국 사회에 던져야 하는 질문입니다. 나는 생각하는 공부를 하고 있는가? 타인이 줄 수 없는 깊이를 나는 만들어가고 있는가? 이는 개개인이 자기 자신에게 던져야 하는 질문이기도 합니다. '어떻게 생각하고 어떻게 살아나갈 것인가'에 대한 끊임없는 철학적 사유는 미래를 예측하기 어려운 지금 이 시대에 여전히 유효한 공부일 겁니다. 그것으로 우리는 미래를 준비해나갈 수 있습니다.

Qui se ipsum norit(= noverit), aliquid se habere sentiet divinum.

퀴 세 입숨 노리트(= 노베리트), 알리퀴트 세 하베레 센티에트 디비눔.

스스로를 아는 사람이라면 자신이 신성한 무엇을 간직하고 있음을 느끼리라.

15장

아는 만큼 설명한다

공부하는 행위에서 배워야 할 것은 끊임없이 대상화하고 객관화하는 과정입니다. 학생의 입장에서는 공부 자체만을 놓고도 문제의 원인이 나에게 있는지, 타인에게 있는지를 분석해야 합니다. 반면 부모나 선생님도 자신이 하려는 훈화가 진정한 훈화인지 아니면 훈화를 가장한 화풀이인지를 구분해야 합니다. 무언가를 배우거나 혹은 가르치기 위해 몸을 책상에 가두기는 해야 하지만 생각마저 가두어 억압해서는 안 되니까요.

그래서 공부는 성찰을 배워가는 아주 좋은 도구가 될 것입니다. 에라스무스가 쓴 《교육방법론De ratione studii》[19]이라는 책을 보면, 공부법에 대한 이야기보다 어떻게 학생들을 가르칠 것인가가 내용의 대부분을 차지합니다. 사실 이제는 공부법에 대한 이야기보다 교수법에 대한 이야기를 해야 합니다. 어떻게 공부할 것인가에 대한 이야기뿐 아니라 어떻게 학생들을 가르칠 것인가에 대한 고민이 담긴 이야기도 함께 해야 합니다.

공부에 관련한 많은 책들이 학생들에게 어떻게 공부해야 한다고만 하지, 선생님이 학생들을 어떻게 가르치고 있다는 이야기는 거의 하지 않는 것 같습니다. 이런 경향을 부정적으로 보는 이유는 공부를 못하는 원인과 책임이 전적으로 학생 본인에게 있다고 탓하는 것과 같다고 생각하기 때문입니다. 공부는 결국 학생 스스로 해야 하는 것이니 그럴 수 있습니다. 하지만 학생이 공부에 흥미를 느끼지 못하는 이유는 가르치는 사람이나 방법이 문제인 경우도 많습니다. 우리가 공부에 대해 이야기할 때 공부법과 교수법을 동시에 고민했으면 좋겠다고 생각하는 이유도 그 때문입니다.

'공부하는' 이야기를 하다가 갑자기 '가르치는' 이야기가 나와 논점이 달라졌다고 생각하는 분들도 있을 겁니다. 하지만 그 두 가지는 서로 다른 이야기가 아닙니다. 양면을 가졌을 뿐, 하나의 동전인 것처럼 하나입니다. 그건 교수법이 상대방을 가르치는 데서 시작되는 것이 아니라 내가 나를 가르치는 데서 시작하기 때문입니다. 글을 쓸 때도 독자가 이해할 수 있을까가 아니라 내가 이해하고 쓴 것인지 먼저 생각하는 이유도 그 때문입니다. 내가 이해하지 못하면 타인도 이해하지 못합니다. 스스로도 이해가 안 되는데 타인이 어떻게 내 글을 이해할 수 있을까요.

네덜란드 로테르담에 있는 에라스무스 기념비.

수업의 질은 강단에 선 자가 얼마나 자기 스스로 먼저 공부하고 깊이 이해하고 통찰했는가에 따라 달라집니다. 거기에 자기 확신이 있는 만큼 가르칠 수 있습니다. 그것은 강의도 글쓰기도 마찬가지고, 심지어 행위의 주체가 바뀌는 공부도 마찬가지입니다. 공부하는 사람도 자기가 공부하는 내용을 자신에게 가르칠 수 있어야 합니다. 설명할 수 있어야 합니다.

공부법과 교수법

저는 종종 강의를 하면 참 쉽게 설명한다는 말을 듣습니다. 이런 말을 듣게 된 이유가 뭘까 생각해보면 좀 더 거슬러 올라가는 역사가 있습니다. 저는 중고등학교 때 선생님들이 무슨 말을 하면 '왜 저렇게 어렵게 말씀하시지? 결국 이 말 아닌가?' 하고 제 나름대로 쉽게 풀어서 생각하거나 메모를 한 경우가 많았습니다. 또, 일명 '방과 후 연설'이라고 해서 매일 수업을 마치고 집으로 돌아오는 길에는 임의로 주제를 하나씩 정해서 사람들 앞에서 연설하듯 혼잣말을 하면서 오기도 했습니다. 학교에서 집까지 걸어오는 데는 20분 정도 걸렸는데, 그 시간은 한 가지 주제를 소화하기에 길지도 짧지도 않은 적당한 시간이었지요.

이 경험이 훗날 미사 중에 신자들에게 강론을 하거나 유학 시절 변론 공부를 할 때, 또 학생들을 가르치는 강단 위에서도 의외로 많은 도움이 되었습니다. '말'이 직업을 구현하는 수단이 되리라는 걸 이미 알고 있었던 것처럼 미리 그런 훈련을 알차게 한 셈입니다. 공부하는 사람에게 이런 강의 놀이, 남을 가르치는 행위가 가져다주는 이익이 대단히 크다는 것을 유학하기 전 신학교에서부터 느꼈습니다.

저는 신학교에서 신학과 철학, 교회사 등을 배웠습니다. 수업을 받다 보면, 강의 내용 자체를 이해할 수 없을 때가 많았습니다. 교수님이 하시는 말씀이 분명 우리말이긴 했는데, 도무지 그 의미를 이해할 수가 없었죠. 사실 교수님은 당신의 오래된 강의록을 그대로 읽어 내려갔을 뿐이었지만, 겨우 학부생에 불과했던 제가 이해하기는 역부족이었습니다. 그런데도 학생들은 그것을 토씨 하나 빠짐없이 받아 적어야만 했어요. 때로 잘 받아 적었는지 노트 검사도 하셨고요. 수업 시간에 교수님이 읽어 주신 내용을 달달 외워 그대로 쓰면 좋은 점수가 나왔고 그렇게 하지 않으면 나쁜 점수가 나왔습니다.

저는 도서관에 가서 수업 중에 언급된 책들을 빌려 읽었습니다. 대부분 번역서였는데, 이해되지 않는 부분에 대해 선배들에게 물어보면, "철학은 원래 어려운 거야!"라는 답이 돌아왔습니다. 거기다 '철학은 신학의 시녀'라는 사고를 바탕으로 만들어진 신학은 철학보다 훨씬 더 어렵고 난해했으니 산 넘어 산이었습니다. 그때 "인간에 대해 이야기하는 철학과 신에 관해 이야기하는 신학은 원래 어려울 수밖에 없는 건가?" 하고 한탄했던 게 생각납니다.

사실 단순히 시험을 통과하기 위한 공부만으로는 철학과 신학에서 풀리지 않는 의문들이 너무나 많았습니다. 우선 우리말로 번역된 책들을 읽어 내려갔습니다. 《서양철학사》[20]에 등장하는 인물과 사상 하나하나를 익혔습니다. 책을 이해하는 속도가 더뎠던 건 한 줄을 이해하기 위해 읽어야 할 다른 책들이 너무나 많았기 때문입니다. 그렇게 학과목에 있던 고대, 중세, 근대, 현대철학을 공부해 나갔습니다. 그러나 논리학과 형이상학, 자연철학, 현상학 등 그 외의 많은 과목들은 여전히 뜬구름 같았고, 신학에 대한 이해는 이보다 훨씬 부족했습니다.

신학교에선 오후에 약간의 자유 시간이 주어지는데, 그때 책 냄새 나는 도서관에 가면 늘 가슴이 뛰었습니다. 햇빛이 잘 드는 창가에 앉아 있으면 여유와 평화가 찾아왔습니다. 서가에서 뽑아 온 책들을 천천히 읽어 내려가며 이런 생각을 했습니다. '이 저자의 말을 내 언어로 옮긴다면 어떻게 할 수 있을까? 나는 이 내용을 남에게 잘 전달할 수 있을까?'

저는 책을 읽고 제 앞에 누군가가 있다고 가정한 후 책 내용을 설명하기 시작했습니다. 그런데 5분을 넘기기 어려웠습니다. 내용이 빈약해서 금방 밑천이 드러났고 할 말이 없었습니다. 다시 생각했죠. '조금 전에 읽은 내용을 나 자신에게도 충분히 설명하지 못하면서 누구에게 설명을 하겠다는 거지?' 그리고 타인에게 설명할 수 있는 그만큼이 내가 아는 것이라는 결론에 도달했습니다.

그 후 저는 책을 읽으면 내용을 잘 정리해서 아무도 없는 곳에 가서 혼자 누군가에게 말하듯 설명하곤 했습니다. 이 방법은 석사 과정 중에 치른 구두시험에서 굉장히 유용했습니다. 시험 시간은 대략 15분 정도인데, 교수님의 질문으로 시작하거나 학생 본인이 원하는 주제를 교수님 앞에서 설명하는 방식이었습니다. 설명이 미진하다고 생각되면 교수님의 질문이 시작되는데, 그렇게 되면 이미 그 시험의 결과는 좋지 않다고 보면 됩니다.

제일 좋은 결과를 낼 수 있는 시험은 교수님이 질문할 틈을 주지 않고 자신이 준비한 내용을 멈추지 않고 15분 동안 이야기하는 것인데, 생각만큼 쉽지가 않습니다. 처음에는 필기시험이 오히려 훨씬 쉽다고 느낄 정도였습니다. 필기시험은 교수님이 출제한 문제에 대해 고민해서 답을 작성하면 어느 정도 점수를 얻을 수 있습니다. 하지만 대면으로 치르는 시험은 질문의 내용을 떠나 교수님이 앞에 있다는 그 자체가 엄청나게 긴장되고 부담되는 일입니다. 공부를 열심히 했어도 머릿속이 하얘지는 건 막을 수가 없죠.

교수님 앞에서 한마디도 못 했다는 건 충분하게 공부하지 않았기 때문일 가능성이 큽니다. 첫 구두시험에서 한마디도 하지 못 한 뒤 저의 공부 방법에 대해 다시 생각하게 됐습니다. 그때 공부법에 대한 이야기는 동시에 교수법에 대한 이야기여야 한다는 생각이 들었죠. 가르치는 대상은 바로 공부하는 저 자신이었습니다.

'아는 만큼 본다'는 말이 있습니다. 이걸 공부에 적용하면, '타인에게 설명할 수 있는 그만큼이 내가 아는 것'이 될 겁니다. 저도 훗날 학생들에게 이런 말을 자주 했습니다.

"타인에게 15분이면 15분, 10분이면 10분, 설명할 수 있다면 그만큼 자기가 아는 것이다. 그러니까 말로 설명하도록 해봐라."

학생들을 가르치는 선생님들은 수업 내용을 연결하는 수많은 지식에 대한 풍부한 이해와 통찰이 있어야 합니다. 가르치고자 하는 내용을 둘러싼 연관 지식에 대한 이해가 더해질 때 사유의 틀이 넓어지고 깊어지기 때문이죠. 그렇게 되면 강의할 때 훨씬 자유로워집니다. 말하고자 하는 내용, 즉 콘텐츠가 풍부하기 때문에 자신감 있고 자연스러운 몸짓도 나오게 되죠. 감정을 풍부하게 넣어서 말하게 되고 강세와 리듬이 있는 강의를 할 수 있게 됩니다. 이건 말하는 직업을 가진 사람에게 대단히 중요한 요소인데, 강의를 지루하지 않게 만들기 때문에 학생이나 청중이 더욱 집중하게 할 수 있죠.

지금의 우리 교육에 대하여

저는 강연을 할 때 미리 준비한 자료로 이야기하는 경우는 거의 없습니다. 물론 강연 주제를 정하고 어떤 식으로 이야기를 할지 구상은 하지만 세세한 내용까지는 따로 준비하지 않습니다. 대체로 그날의 강의 현장 분위기에 맞춰 그때그때 생각나는 것을 이야기하기 때문에 제 강의는 어떤 패턴도 규칙도 없는 편입니다.

가르치는 사람은 학문적 진보를 위해 학생들과 마찬가지로 끊임없이 공부해야 합니다. 학생들은 언제나 새로운 것을 받아들일 준비가 되어 있는데 가르치는 사람이 늘 같은 이야기를 한다면 학생들은 참기 힘들 것입니다. 이는 가르치는 사람들에게 커다란 도전입니다. 저 역시 같은 이야기를 하지 않으려면 계속 공부해야 한다는 것을 늘 의식하고 있습니다. 제가 학생 신분이 아니지만, 여전히 '공부하는 노동자'라고 저의 정체성을 규정한 이유도 바로 여기에 있습니다.

저는 운 좋게도 아주 훌륭한 선생님들을 많이 만났습니다. 제게 라틴어를 가르쳐주신 분은 1962년부터 1965년까지 제2차 바티칸공의회에서 미사 형식을 정리해 교황님 앞에서 시현한 분이었습니다. 교회법을 가르쳐주신 선생님은 혼자서 동방 교회법전을 만든 분입니다. 그분 방엔 법전 편찬에 필요한 2세기부터 현대 문헌에 이르는 책이 모두 망라되어 있었지요. 두 선생님은 바티칸의 살아 있는 역사와 같은 분들인데, 학위나 학교의 명성을 뛰어넘는 분들에게 가르침을 받을 수 있었던 건 정말 큰 행운이었습니다.

제 경험에 비춰 볼 때 우리 교육의 질이 달라지려면 현실적으로 가능한 방법은 결국은 하나라고 생각합니다. 교수법! 가르치는 방식을 바꾸는 것이죠. 제도가 바뀌면 교육이 나아질 것 같지만 입시나 취업에서 성적으로 평가하는 방식이 바뀌지 않는 한 큰 변화가 생기기는 힘들 겁니다. 하지만 선생님이 변하는 건 가능성이 훨씬 높습니다. 수업을 어떻게 할 것인가, 아이들에게 어떤 메시지를 전할 것인가. 이런 고민을 바탕으로 수업을 한다면 교육이 지금과 크게 달라지지 않을까 합니다. 학생이 성장하는 과정에선 가르치는 사람의 성찰이 끊임없이 이루어져야 합니다.

가르치는 방식에 대한 이야기가 좀 길어졌지만, 공부하는 방식과 별개의 문제라고 생각하지 않기 때문에 반드시 얘기하고 싶었습니다. 공부는 무엇보다 내가 나를 가르치는 것입니다. 그래서 공부한 내용을 말로 설명하는 방식은 매우 유용합니다. 처음에는 익숙하지 않더라도 자꾸 반복하다 보면 분명 발전이 있을 겁니다. 공부는 익숙하지 않은 것을 익숙하게 만들어가는 과정이기도 하니까요. 지금 공부를 하고 있는 분들 중엔 말이 중요한 직업을 이미 갖고 있거나 앞으로 갖게 될지도 모릅니다. 자기 생각을 논리적으로 말할 수 있다면 어떤 일을 하든 남들보다 유리한 면을 선점하게 될 겁니다.

Tantum explanamus qantum scimus.

탄툼 엑스플라나무스 콴툼 쉬무스.

우리가 아는 만큼 설명한다.

16장

공부는 매듭을 짓는 것이다

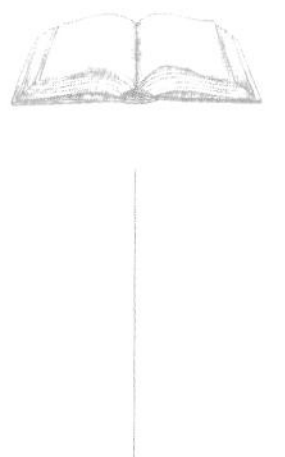

제가 대학에서 라틴어 강의를 했을 때 처음 한 달 동안에는 라틴어 문법을 설명하지 않았습니다. 산스크리트어에서부터 페니키아 문자를 거쳐 라틴어 알파벳의 기원, 로마의 역사와 문화, 중세 대학의 기원 등에 대해서만 이야기했기 때문에 학생들은 꽤 재미를 느끼며 수업을 듣는 것 같았습니다. 수업을 마치고 강의실을 나가는 학생 중 하나가 친구에게 "거봐, 역시 꿀강의지?"라고 말하는 것을 듣기도 했으니까요. 그 학생은 제 수업을 다른 친구에게 추천한 자신이 내심 자랑스러운 듯한 표정이었습니다.

그런데 라틴어의 배경 지식을 설명하는 부분이 마무리될 때 학생들의 수강 신청 취소 기간도 끝이 납니다. 저는 그때부터 본격적으로 라틴어와 관계된 문법을 설명하기 시작하지요. '아! 망했다' 싶어도 이미 학생들은 수강을 취소할 수가 없게 되어버립니다. 제가 일부러 학생들을 골탕 먹이려고 의도한 건 아닌데, 학생들은 '속았다'고 생각하면서 울며 겨자 먹기로 한 학기 동안 수업을 들어야만 했습니다. 언어 공부에 호감과 재능이 있는 학생이라면 몰라도, 그저 학점 받기 쉽고 만만하다고 생각해서 들어온 학생들이라면 이만저만한 낭패가 아니었을 겁니다.

본격적으로 라틴어 강의를 시작하자 수업 중에 한숨을 쉬는 학생도 더러 있었습니다. 가령, 한 단어가 12가지 격으로 변하는 명사에 대해 설명할 때가 그렇습니다. 라틴어의 명사는 단복수가 12가지 격으로 변하고, 명사의 분류 형태도 하나가 아니라 다섯 형태로 나누어집니다. 명사는 그래도 좀 낫지요. 형용사는 단어 하나가 단수만 18가지로 변하고, 복수까지 포함하면 36가지로 변합니다. 그런데 여기서 끝이 아닙니다. 동사는 더 끔찍하죠. 동사에 따라 조금씩 다르지만 일반 동사만 대략 225가지로 변화합니다. 이걸 다 외워야 하지요.

동사의 활용 형태도 1활용에서 4활용으로 나뉘고, 그다음 불규칙 동사가 올 것 같은데 그게 아니라 탈형동사라는 게 나옵니다. 탈형동사란 형태는 수동태인데 의미는 능동태인 동사입니다. 이들 동사도 일반 동사처럼 1활용에서 4활용으로 구분됩니다. 이 정도면 이제 불규칙 동사가 나올 것만 같은데 그렇지 않고 반탈형 동사라는 게 나옵니다. 이런 동사에 대한 설명이 다

끝나고 나야 드디어 불규칙 동사에 대해 설명합니다. 불규칙 동사의 수도 숨차게 많지만 여기까지만 하겠습니다.

어떠세요? 라틴어 수업을 본격적으로 수강하지 않고 이 두 단락에 걸친 설명만 들어도 머리가 무거워지죠? 그런데 이것을 북미나 유럽의 사립 중고등학교와 대학에서 의무적으로 배워야 한다고 생각해보세요. 절망적일 겁니다. 라틴어를 배워야 하는 학생은 "당장은 필요가 없고, 현재 쓰지도 않는 사어死語를 이렇게 고생하며 배울 가치가 있나?" 하고 끊임없이 반문할지도 모릅니다. 실제로도 라틴어를 좀 안다고 해서 사는 게 나아지는 것도 아니고 라틴어를 모른다고 해서 불편할 것도 전혀 없으니까요.

그래서 제 수업은 이런 전통적인 라틴어 수업 방식에서 벗어나, 새로운 단어나 문장을 놓고 처음에 이 단어가 어떻게 만들어졌는지, 로마인들은 이를 어떤 경우에 사용했는지 그 어원과 역사를 소개하는 것으로 시작했습니다. 그리고 이를 제가 경험한 일화나 살면서 느낀 점들에 빗대어 다시 설명해주고, 마지막에는 학생들 스스로 문장에 대해 생각해볼 수 있게끔 질문을 던졌습니다.

라틴어는 복잡한 문법 체계의 특성상 공부하기는 어렵지만 가르치는 사람의 입장에서는 시험 문제를 내기가 쉬워서 학생들을 성적순으로 줄 세우기 좋은 과목입니다. 하지만 저는 시험이나 성적과 관련해서 큰 압박을 주고 싶지 않았고, 그래서 암기나 번역은 강요하지 않았습니다. 한국이나 로마에서 라틴어를 배울 때는 모든 선생님이 간략한 문법 설명 뒤에 학생들 한 명 한 명에게 돌아가면서 문장을 읽고 번역하도록 시켰습니다. 한 학생이 번역을 못 하면 다음 학생으로 이어지는 방식이었지요. 그런 수업 방식에서 제가 느꼈던 것은 수치심이었습니다. 라틴어를 배우면서 '수업 시간에 학생이 잘 모른다는 것을 꼭 확인시켜줘야 할까?' 하는 생각이 들었습니다.

이런 기억 때문에 저는 학생들이 남들과 경쟁하기보다는 라틴어라는 도구를 통해 자기만의 걸음걸이, 자기만의 비행법을 찾기를 바랐습니다. 무엇을 외워 머릿속에 지식을 채우는 것이 아니라 아직은 정확히 알지 못하는 자기만의 공부 방법과 속도를 찾아가기를요. 여기서 중요한 것은 '어제의 자신에서 벗어나는 것'입니다. 어제의 나는 어제에 두고, 오늘 새로운 앎이나 깨달음을 통해 성장한 나로 나아가면 됩니다.

언어를 공부한다는 것

사람들은 라틴어를 두고 흔히 '죽은 언어'라고 말합니다. 하지만 저는 그 죽은 언어를 살아 움직이는 언어로 만들고 싶었습니다. '배워서 남 주자'는 평소 생각대로 제 수업이 학생들 각자에게 '꽃'이 아닌 '뿌리'가 되길 바라는 마음이었습니다. 하지만 이건 저의 바람일 뿐이었습니다. 그저 가볍게 특이한 수업 하나를 듣고 '내가 이 수업을 들었다'고 하면서 남다르게 보이고 싶었던 학생들이라면 라틴어 문법 자체가 엄청난 벽으로 느껴졌을 것입니다. 학생들 가운데 일부는 제 수업을 신청한 걸 후회하기도 했습니다. 그때 저는 그 친구들에게 이렇게 얘기했습니다. 공부는 쉽든 어렵든 매듭을 짓는 자세가 중요하다고요. 완벽하지 않더라도, 만족스럽지 못하더라도 일단 시작한 것은 끝까지 할 필요가 있습니다.

사람들은 흔히 다국어를 구사하는 것에 대한 동경이 있습니다. 하지만 저는 하고자 하는 공부나 일에 그 언어가 필요해서가 아니라, 능력 있어 보이거나 남다르게 보이고 싶어서 언어 공부를 할 필요는 없다고 봅니다. 사실 그렇게 하기도 어렵고요. 신학생 시절 4개 국어 언어를 공부했지만, 생각만큼 효과적이지는 않았습니다. 낯선 언어를 맛보거나 첫걸음을 떼는 것으로 의미를 줄 정도랄까요.

일이든 공부든 내게 꼭 필요한 언어라는 절박함이 클 때 빨리 배울 수 있습니다. 필요와 관심도에 따라 집중력이 달라지지요. 절박한 순서에 따라 하나의 언어를 마스터하고 그 다음에 다른 언어를 마스터하는 것이지, 욕심을 부리며 이것저것 공부하는 것은 언어에 특별한 관심과 비상한 재능을 가진 예외적인 사람이 아닌 이상 그다지 효과적이지 않습니다. 깊이를 갖기가 힘듭니다.

저는 이 사실을 이탈리아어를 배우기 위해 머물렀던 페루자에서 깨달았습니다. 유학생 중에 이탈리아어를 10개월 과정으로 공부하고 석사과정 1년을 마친 후, 스페인어나 불어를 배우러 다른 나라로 가는 사람이 있었습니다. 저는 이 방법이 별로 좋지 않다고 생각했습니다. 밥을 짓다가 말고 불을 끄고 다시 쌀을 씻으러 가는 것처럼 보였으니까요.

이는 어릴 때부터 서로 국적이 다른 아버지와 어머니 사이에서 자연스럽게 두 개의 언어를 배우는 아이들의 경우와는 다릅니다. 한국어만 쓰면서 성인이 된 우리는 하나의 언어가 제대로 습득되지 않은 상태에서 다른 언어를 배우면 혼란만 커지기 쉽습니다. 그래서 저는 언어를 하나 더 배우겠다는 욕심을 내기보다 이탈리아어를 더 깊이 있게 공부해야겠다고 생각했죠. 다만 영어는 더 오래전부터 쭉 공부를 해왔기 때문에 멈추지 않았습니다.

힘들더라도 일단 시작한 건 어떻게든 끝을 맺는 연습이 필요합니다**Statuit quovis modo inceptum perficere, 스타투이트 퀴비스 모도 인켑툼 페르피체레**. "그렇게 하기로 결정했다**Consilium est ita facere, 콘실리움 에스트 이타 파체레**"면 그것을 해야 합니다. 이러한 결정으로 기존 생활양식이 크게 바뀔 수 있습니다**Talibus autem consiliis captis, modus vivendi fixus valde mutari potest, 탈리부스 아우템 콘실리이스 캅티스, 모두스 비벤디 픽수스 발데 무타리 포테스트**. 그래서 공부는 매듭을 짓는 일이라고 말한 것입니다. 잘하든 못하든, 결과가 좋든 나쁘든 하기로 한 것을 끝까지 해내다 보면 근성과 내공이 생깁니다. 바로 그게 나의 '생활양식

Modus vivendi, 모두스 비벤디'까지 바꾸게 되지요.

우리는 단번에 성공하고 단번에 좋은 결과가 나오길 바라지만 단번에 잘 되는 것은 별로 없습니다. 당장 봐야 할 책이 진도가 안 나가서 조바심이 나고, 읽을수록 모르는 것이 많아 불안할 겁니다. 하지만 걱정하지 마세요. 그런 마음이 드는 건 공부를 하고 있다는 증거니까요. 공부를 하고 있기 때문에 '아는 것이 고작 이거고 모르는 것은 이렇게 많구나'라고 구별할 수 있는 겁니다. 모르는 게 늘어가는 게 아니라 모르는 걸 구별해서 알아가고 있는 중인 겁니다.

언어를 공부하면서 생기는 어려움 중 하나는 모르는 단어가 매일 새롭게 생긴다는 점입니다. 외우고 또 외워도 낯선 단어들이 샘물처럼 솟아 나와서 "미치겠네" 소리가 절로 나오죠. 하지만 그래도 제 스스로에게 '단어 공부는 외국어 공부 중 가장 쉽다. 제일 기본이고 쉬우니까 매일 해도 잘할 수 있다'라고 주문하듯 생각하면 훨씬 잘 외워지고, 재미도 있었습니다. 실제로 이렇게 생각하면서 공부하면 심리적인 어려움이 크게 줄어듭니다. 외국어는 무조건 재미없다고 부정적인 생각만 하기보다 어떻게든 긍정적으로 해낼 수 있다고 생각하면 전혀 다른 결과가 나오게 됩니다.

제게 공부를 즐기라고 말한 분이 있습니다. 마로니타 기숙사의 한나 알안 원장님이시죠. 어려운 일이나 마음 속 고민에 대해 토로하면 언제나 조언을 아끼지 않으셨습니다.

"원래 처음 어떤 길을 가는 사람은 그것을 즐기면서 가야 한다네."

"어떻게 즐길 수 있겠습니까? 너무 힘든데요."

제가 투정 부리듯 볼멘소리를 하면 웃으며 말씀하셨습니다.

"처음 가는 사람에겐 특권이 있지. 그 특권을 즐긴다 생각하고 공부하면 훨씬 잘할 수 있다네."

말씀대로 하진 못했지만 그래도 이미 시작한 공부는 매듭을 지어야 한다고 줄곧 생각해왔습니다.

매듭을 잘 짓는 법

제게는 살아오면서 가장 큰 공부의 매듭을 지어야 할 시간이 있었습니다. 사법연수원 3년 과정을 마치고 로타 로마나 변호사 시험을 볼 자격이 주어졌을 때였습니다. 바티칸 대법원 로타 로마나 사법연수원에 입학할 때 제 동기들은 모두 40명이었습니다. 유급생을 포함해 최종 변호사 자격시험을 본 사람은 12명이었는데 그중 3명만이 합격했습니다. 최종적으로 변호사 자격증을 받은 사람은 전체의 10퍼센트도 안 되는 셈이었죠.

최종 변호사 자격시험은 판례학 한 과목만 봅니다. 일반적으로 시험 문제는 각 나라의 법원에서 1심과 2심을 거쳐 올라온 200쪽 분량의 실제 사건입니다. 판결문은 '사건 개요Facti Species',

'법리In iure', '사실In facto'[21]의 순서로 총 20쪽 분량을 라틴어로 작성해야 합니다. 시험 시간이 무려 12시간이나 되지만 200쪽이 넘는 문제를 읽다 보면 그 시간도 길게 느껴지지 않습니다.

하지만 저는 2009년 첫 변호사 자격시험에서 떨어졌습니다. 시험을 본 후 동료들과 답안에 대해 이야기를 나눌 때 저는 실수했다는 것을 알았습니다. 다들 '기각'으로 판결문을 작성했는데 저만 '인용'으로 작성했던 겁니다. 전체적인 추리는 합당했지만 결정적인 사건에 대해 오해를 했던 겁니다.

3학년 학년 시험을 마치자마자 바로 한 달 후에 변호사 자격시험을 본 게 무리였습니다. 스스로 완벽하게 준비되지 않은 걸 알면서도 쫓기는 마음이었던 제게 더 지체할 여유가 없었던 겁니다. 그리고 주변에서 다들 합격할 거라고 용기를 주는 바람에 진짜 될 것 같은 착각도 했습니다. 저 자신을 냉정하게 들여다봤어야 했습니다.

기숙사로 돌아오는데 눈물이 났습니다. 혼자 캔맥주 3개를 사서 단번에 마셔버렸죠. 7월이라 모두가 떠나버린 텅 빈 기숙사에서 저는 아이처럼 엉엉 울고 말았습니다. 저는 이 시험을 위해 원래 소속이었던 부산교구를 떠나야만 했고, 신부가 소속이 없다는 것은 아무것도 공식적으로 할 수 없음을 의미했기에 최종 변호사 자격시험에 떨어진 것은 단순히 시험에 한번 떨어진 것이 아니었습니다. 시간적인 여유가 없었던 제게 더할 수 없는 절망감과 안타까움, 후회가 사정없이 밀려왔습니다. 시험을 단번에 붙어도 시원치 않을 판에 바보 같은 실수를 한 제 자신이 원망스러웠습니다.

하지만 그대로 포기할 수 없었습니다. 매듭을 지어야 했습니다. 전보다 더 공부에 박차를 가했지요. 사법연수원에서는 최종 변호사 자격시험에 떨어진 사람에 한해 1년 동안 수업을 다시 들을 수 있게 배려를 해줍니다. 필요하다면 1~3학년 수업 내용을 모두 청강할 수도 있습니다. 저는 판례학 위주로 다시 시험 준비에 집중하며 일 년이라는 시간을 보냈습니다.

두 번째 최종 변호사 자격시험 날에는 손이 너무 떨려 시험을 볼 수 없을 정도였습니다. 그도 그럴 것이 최종 변호사 자격시험은 두 번밖에 볼 수 없기 때문입니다. 세 번째 시험에 응시하기 위해서는 교황에게 청원해야 하는데 그것은 사실상 불가능한 일입니다. 긴장한 탓에 손이 덜덜 떨렸습니다. 저는 왼손으로 펜을 쥔 오른손을 지그시 잡았습니다. 10분 동안 시험 문제도 읽지 않고 그렇게 시간을 보내며 마음 속으로 스스로에게 말했습니다.

'한동일, 네가 떨어야 할 이유가 뭐지? 너는 이제 갈 곳도 없어. 더 이상 물러날 곳이 없기 때문에 두려울 것도 없는 거야.'

제가 살던 레오니아노 기숙사 계단에는 마치 방치되어 있는 듯 보이는 초라한 성모상이 하나 있습니다. 저는 어려운 일이 있을 때마다 그 성모상 앞에 가서 기도를 하곤 했습니다. 바로 그 시간에도 기숙사의 성모상이 머릿속에 떠올랐습니다.

"평화의 하느님께서 너와 함께 계실 것이다."

그리고 한 줄의 성경 구절도 떠올랐습니다. 저는 그 구절을 그대로 믿고 기도를 했습니다. 저도 모르게 오른손을 꽉 잡았던 왼손의 힘이 풀리면서 마음이 서서히 안정되기 시작했습니다. 당장은 합격, 불합격을 생각하지 말고 여기까지 최선을 다해 달려왔으니 마지막 힘과 정성을 답안지에 쏟아부어 보자고 생각했습니다. 지금까지 제가 배우고 닦은 모든 것을 총동원해 답안을 작성했습니다. 펜을 놓는 순간 정신을 잃을지도 모르겠다는 생각이 잠깐 들 정도로, 12시간 동안 제 에너지와 실력을 온전히 바쳐 긴 답안을 완성했습니다. 시간이 어떻게 지나갔는지, 밖에서 무슨 소리가 나는지, 주변 사람들은 어떻게 하고 있는지 하나도 알 수 없었습니다. 진공 상태의 작은 유리병에 들어가서 홀로 시험 보는 그런 기분이었지요.

12시간이 지났습니다. 시험장 밖으로 나와 햇빛을 받는 순간 몸속이 텅텅 비어 껍데기만 있는 것 같았지만 왠지 느낌이 좋았습니다. 살짝 몸이 공중에 떠오른 듯한 기분이었습니다. 늘 보던 풍경이었지만 낯설고 아름다웠죠. 저는 혼이 빠진 얼굴로 중얼거렸습니다.

"이제 끝났구나. 진짜 끝났어."

한 달 후 합격 통보를 받았습니다. 왠지 모르게 좋았던 느낌대로 드디어 한국인 최초로 바티칸 대법원 로타 로마나의 변호사가 되었습니다. 길고 고단했던 공부는 그렇게 큰 이정표를 만들며 매듭을 지었습니다.

제게 누군가 "공부가 뭐냐?"고 묻는다면 '버티는 것'이라고 말하고 싶습니다. 공부도 버티고, 삶도 버텨나가는 것이지요. 그렇게 하다 보면 우리는 매일 '하루'라는 매듭을 지어나가고, 자신에게 이정표가 될 의미 있는 매듭도 짓게 됩니다. 그리고 그 매듭들이 모여 삶이라는 단단하고 굵은 동아줄이 되는 거죠. 힘들고 괴로울 때마다 앞서 지은 매듭을 돌아보며 우리는 다시 버틸 수 있는 힘을 얻고 버틸 방법을 배웁니다.

그동안 제가 선택한 길을 무수히 후회했습니다. 열등감과 한계는 예측하지 못한 데서 튀어나왔고 끊임없이 한심한 나, 열등한 나, 한계가 뚜렷해 보이는 나와 만나는 일은 공부하는 내내 저를 괴롭혔습니다. 그런 제 모습을 외면하고 싶었고 그대로 포기하고 싶은 생각이 시도 때도 없이 불쑥불쑥 치고 올라왔습니다. 그런 가운데 버틸 수 있었던 힘은 위로는 신에게 의탁하고 기도하며, 안으로는 끊임없이 제 자신을 들여다보며 다독인 데 있는 것 같습니다. 못난 저 자신을 책망하다가도 그 행위의 끝에서는 결국 제 스스로 저를 감싸 안았습니다. 어떤 사람도 해줄 수 없어서 제가 그렇게 해야 했습니다. 그렇지 않으면 그대로 저를 옥죈 엉킨 실타래를 영원히 풀 수 없었을 것입니다. 한꺼번에 풀 수는 없었지만 조금씩 마음을 달래며 실타래를 풀고 매듭을 지어 나갔습니다.

오늘이라는 시간 속에서 매듭을 어떤 모양으로 어떻게 지을

지는 오로지 나의 선택에 달려 있습니다. 매듭을 짓다 보면 그 자리를 뜨고 싶을 때가 정말 많습니다. 포기하고 싶은 순간도 수 없이 찾아옵니다. 거기다 주변에서 들려오는 나에 대한 부정적인 이야기까지 더해지면, 더 이상 피할 곳 없는 벼랑 끝에 몰려 있다는 느낌이 들게 됩니다. 그런데도 내가 잘 버티고 있다면, 그것을 설령 잘 못한다 해도 매듭짓기 위해 버티기만 한다면 자신을 대견하게 생각하고 다독여주세요. 정말 대견한 겁니다. 생각만큼 못나지 않았고 오히려 생각보다 훨씬 대단합니다.

'나는 내가 생각하는 것보다 훨씬 아름답다.'

그렇지 않다고 믿더라도 억지로라도 그렇게 생각해보세요. 이것은 다름 아닌 저에게 주문하는 말이기도 합니다. 유치하게 그게 뭐냐고 말씀하실 분도 있을 겁니다. 그런데 출구 없는 자학을 하며 웅크리고 있는 것보다는 훨씬 좋은 방법이라고 확신합니다. 열심히 살며 매듭지은 하루하루가 모여서 우리의 인생이 되듯 결심도 그렇게 매일매일 새롭게 하면 됩니다. 결심이라는 건 무너질 수밖에 없습니다. 그러니 상심하거나 자책하지 말고, 그저 매일, 매 순간 다시 나를 일으켜 세우며 결심하기를 반복하세요. 그게 삶입니다.

오늘 매듭짓기에 실패한 나 자신을 보게 된다면, 오늘 계획하거나 결심한 것을 하지 못한 나 자신을 보게 된다면, 기뻐하세요. 그건 자신이 지극히 정상적인 인간이라는 걸 확인하는 일이니까요. 그러나 기쁨과 위로는 딱 거기까지입니다. 우리는 무너지고 낮아진 마음을 다시 추켜세우기 위해 다시 결심해야 합니다. 잘하든 못하든 또 다른 매듭을 지어나가야 합니다. 지금 여러분은 어떤 매듭을 지어나가고 계신가요?

Totam rem efficiamus, quandoquidem coepimus.

토탐 렘 에피치아무스, 콴도퀴뎀 체피무스.

일은 일단 손을 댄 이상 모두 마쳐야 한다.

17장

인간이 장소를 꾸미지 장소가 인간을 꾸미지 않는다

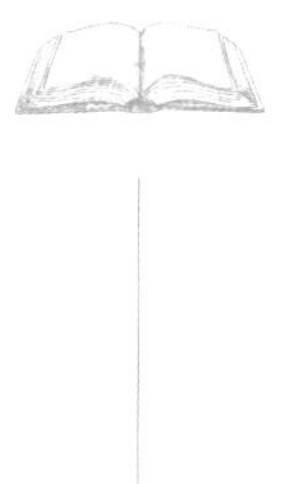

2016년, 로마에 있는 지인의 집에 초대받아서 찾아가다가 어느 집 벽면에 쓰인 문구를 보고 발걸음을 멈춘 채 한참을 생각에 잠긴 적이 있습니다. 2019년 5월 로마에 갔을 때 그곳에 다시 갔습니다. 4층 높이의 건물 벽면에는 다음과 같은 문구가 적혀 있었습니다.

Homo locum ornat non hominem locus.

호모 로쿰 오르나트 논 호미넴 로쿠스.

인간이 장소를 꾸미지 장소가 인간을 꾸미지 않는다.

일상에서 우리는 주객이 뒤바뀐 상황을 많이 목격합니다. 로마 유학 시절, 저는 교황이 집전하는 미사에 자주 참여했습니다. 단순히 미사에 참례한 게 아니라 성체 분배자[22]로서요.

성탄과 부활 미사가 특히 기억에 남습니다. 미사 시작 전 어두운 바티칸 대성당에 조명이 환히 들어오면 그곳을 처음 방문한 순례객과 방문객들은 "와" 하고 환호성을 지릅니다. 어두울 때와 조명이 켜졌을 때의 바티칸 대성당 모습은 완전히 다르니까요. 저도 그 무리에 섞여 조명이 켜진 대성당의 내부와 라틴어 성경 문구를 꼼꼼히 보았던 기억이 납니다.

교황이 주례하는 미사의 성체분배자로 참여하면 교황이 앉은 제대 뒷좌석에 앉게 됩니다. 제대 맨 앞에는 추기경, 주교들을 포함한 고위 성직자석이 있고, 그 왼편으로는 교황청 주재 외교관들, 오른편에는 가슴에 훈장을 주렁주렁 단 사람들이 앉아 있습니다. 저는 그들이 누구이고 왜 가슴에 훈장을 달았는지 모르는 채로 성체를 분배했습니다. 하지만 고급 연미복을 입고 가슴에 훈장을 단 사람 가운데 영성체[23]를 하는 사람은 거의 없었습니다.

제가 할 일은 너무 일찍 끝나버렸습니다. 대성당 입구의 신자석으로 간 신부님들이 성체 분배를 끝내려면 한참 남아 있었는데도 말이죠. 이 모습을 본 성체 분배 안내자가 저를 다른 곳으로 안내했습니다. 그곳은 대성당 벽면 쪽에서 미사를 보는 사람들이 모여 있는 곳이었는데, 기둥 뒤라 좀 어두웠지요. 외모를 보니 동유럽에서 온 신자들 같았는데, 그중 한 여자 분이 어린아이를 안고 청바지 차림으로 차가운 바닥에 앉아 있었습니다.

그 순간 저는 이 화려하고 웅장한 바티칸 대성당이 아니라 전 세계에서 진실로 예수의 성탄과 부활을 바라는 사람의 마음과 그런 그들이 모여 있는 '이 곳'에 예수가 오시겠구나 하고 생각했습니다.

학력, 지위, 명예, 재산, 옷차림, 그 밖에 소유한 많은 것들을 이용해 인간은 스스로를 꾸밉니다. 그러한 행동이 잘못되었다는 건 아닙니다. 하지만 간혹 그러한 것들이 본질을 덮거나 본질로 간주될 때가 있습니다. 분명한 건 인간이 장소를 꾸미지, 장소가 인간을 꾸미지 않는다는 사실입니다. 설령 장소가 인간을 아름답게 꾸밀 수는 있어도 그곳에 인간 존재의 향기가 없는 경우를 우리는 일상에서 너무나 자주 목격합니다.

고대 로마에는 "인간이 인간에게 신神이거나 늑대거나 둘 중 하나다Homo homini aut deus aut lupus est! 호모 호미니 아우트 데우스 아우트 루프스 에스트!"라는 말이 있습니다. 이는 희극작가 테렌티우스Terentius가 "인간이 본분을 안다면, 인간은 인간에게 신이다Homo homini deus, si officium sciat, 호모 호미니 데우스, 시 오피치움 쉬아트"라고 표현했던 것과 또 다른 희극작가 플라우투스Plautus가 "인간은 인간에게 늑대Homo homini lupus, 호모 호미니 루푸스"라고 했던 것을 합한 말입니다. 그래서 "인간은 인간에게 늑대", 즉 인간이 인간을 서로 잡아먹는 현실 속에서 "인간이 인간에게 친구Homo homini amicus, 호모 호미니 아미쿠스"가 되기 위해서는 '인간이 장소를 꾸미지 장소가 인간을 꾸미지 않는다'는 말을 다시금 새겨야 합니다.

노자는 공부를 개인의 욕심이나 출세를 위한 수단으로 여긴다면 그 진리 안의 참된 이치나 본질을 깨닫지 못한 채 표피적인 것만 취하게 된다고 했습니다. 내 목적을 이루기 위한 욕심으로 가득 차면 세상에서 벌어지는 모든 일의 현상, 즉 껍데기만 보게 됩니다. 반대로 내 주변을 감싼 세상에 이로운 일을 하고 싶은 마음으로 공부의 목적을 정화할 땐 본질과 핵심을 깨닫는 진짜 공부가 시작되는 겁니다. 그 과정에서 개인적 소망이나 성취는 자연스럽게 따라올 뿐만 아니라 성숙한 인간이 되는 중요한 모멘텀을 만들 수 있습니다.

입시와 시험, 취업을 위한 공부도 반드시 필요한 일입니다. 다만 제 개인적인 바람을 보태다면, 거기서 한 발 더 나아가 '배운 사람'으로서 나만 생각하기보다는 더 많은 사람들과 더 넓은 사회의 행복을 위해 자기 능력을 쓰겠다는 포부를 가졌으면 좋겠습니다. 한 차원 높게 목적을 정화한다면 남들과 똑같이 입시와 취업을 위해서 공부하고 있지만 그 과정과 결과는 거룩해질 수 있습니다.

공부에 대해 새로 정화하다

어릴 때 제 내면에는 뜨거운 기운이 가득했습니다. 분노였을 수도, 울분이었을 수도 있습니다. 만약 제가 그런 감정들을 공부에 쏟아 부었다면 어떤 일이 벌어졌을까요? 과거의 가난을 비웃을 정도로 돈을 왕창 벌어서 남부럽지 않게 살겠다고 생각했다면? 보란 듯이 성공해서 저를 비웃었던 사람들에게 복수하겠다는 마음을 가졌다면? 그랬다면 저란 사람은 자기 욕망의 화신이 되었을 가능성이 높습니다.

친구 형의 방에서 여러 책들을 읽으며 세상에는 개인의 출세나 성공보다 더 중요한 일이 많다는 걸 깨달은 그 순간 저는 공부의 목적을 처음으로 정화했던 것 같습니다. 이후에 신학교를 다니고 유학을 가고 타국에서 많은 상황과 사건들을 만나면서 그 막연한 목적을 조금씩 구체화할 수 있었습니다.

로마에서 우리의 주민증에 해당하는 카르타디덴티타Carta d'Identità를 발급받으려고 관공서를 찾았을 때의 일입니다. 당시에는 외국인이 신용카드를 쓸 때마다 신분증을 제출해야 했는데, 매일 여권을 들고 다니면 잃어버릴 수도 있으니 오래 이탈리아에 머물 계획이라면 카르타디덴티타가 유용했습니다. 관공서에 가서 긴 시간을 기다린 끝에 제 차례가 되면 이리저리 담당자를 돌리거나 작성한 서류에서 꼬투리를 잡아서 일 처리를 지연시켰습니다. 수업이 꽉 차 있던 날이어서 속이 탔지만 다시 준비해서 찾아갔습니다. 그런데 창구 직원이 우리나라 여권에 출생지 표시가 없어서 발급이 불가능하다고 하더군요. 화를 꾹꾹 참고 정중하게 물었습니다.

"그럼 미국 여권엔 출생지 증명이 되어 있습니까?"

미국 여권을 본 적이 없었지만 호기롭게 물었습니다. 순간 공무원이 움찔하더군요. '아, 너도 못 봤구나!' 하는 생각이 들었습니다. 그래서 계속 따졌죠.

"이탈리아 여권에 출생지 증명이 있다고 반드시 한국 여권에도 출생지 증명이 있어야 하는 건 아니지 않습니까? 이게 국제법적으로 효력이 있습니까?"

법을 좀 공부했다고 생각지도 못한 말이 막 튀어나와서 저도 속으로 '헉!' 했죠. 괜히 그런 말을 했나 싶은 생각도 순간 들었고요. 어! 그런데 이 사람이 대꾸를 못 했어요. 그래서 내친김에 다시 몇 마디 보탰습니다.

"모든 법이란 건 보편성이 전제되어야 하는데 그게 가능합니까? 이 주장 자체가 모순 아니냐고요?"

여기까지 딱 말했더니 그가 갑자기 태도를 확 바꾸며 말했습니다.

"잠깐만 기다리세요!"

그러더니 조금 후에 바로 해줬습니다. 해줄 수 있는 거였어요. 저는 이게 느린 행정시스템과는 큰 관계가 없다는 것을 깨달았습니다. 아시아인인 저를 대하는 태도에서 비롯된 문제였죠.

저는 석사 과정 때 국제법 교수와 많이 싸웠는데, 도저히 참을 수 없는 부분이 있었기 때문입니다. 그분은 아시아 국가와 그곳 사람들에 대해 노골적으로 무시하고 비하했습니다. 잘못된 인식이나 인종 차별을 바로잡기 위해 논쟁을 하다가 부딪치곤 했습니다. 그분에게는 제가 눈엣가시였을 것 같습니다. 이 분의 기이한 행태 중 또 참을 수 없었던 게 시험을 칠 때면 첫 번째부터 다섯 번째 학생에게는 무조건 과락을 주는 것이었죠. 문제를 내자마자 곧바로 답을 하지 않으면 "나가!"라고 말했습니다. 이런 경우는 어디에서도 본 적이 없었습니다. 국제법 1, 2 가운데 국제법 1은 만점으로 통과했지만, 국제법 2는 계속 탈락했습니다. 저는 서툰 이탈리아어로 이의를 제기했지만 끝내 통과시켜 주지 않았습니다.

결국 저는 학장을 찾아갔습니다. 학생이 이의 제기를 하여 학교 측이 받아들이면 학생은 학장, 해당 과목 담당 교수, 중립적인 교수, 이렇게 세 명 앞에서 재시험을 보게 됩니다. 저는 재시험을 치르게 되었죠. 그런데 그 다음날 국제법 교수가 저를 찾았습니다. 그러고는 이제까지 본 시험을 다시 채점해서 24점을 줄 테니, 이 점수로 합의를 보자고 했습니다. 통상 이렇게 교수가 찾아와서 자기 결정을 번복하는 경우는 거의 없습니다. 더구나 외국 학생의 이의 제기를 말이죠.

그렇게 하나하나 싸워가면서 한 일들이 많습니다. 처음엔 제 서툰 이탈리아어 실력 때문이라고 생각했습니다. 이탈리아어를 더 능숙하게 할 수 있게 되면 아무 문제가 없을 거라고 믿었죠. 그러나 현실은 그렇지 않았습니다. 언어 능력만 있다고 되는 게 아니라, 여권에 표시된 모국이 힘이 없으면 아무리 잘 설명해도

CAMERARIVS Á SYXTO IIII · PONTIFI
CORTE
IMPERIALE

바티칸 대법원인 로타 로마나 건물 정면. 황제가 직접 재판을 주재했다 하여 '황제의 재판소'라는 뜻의 이탈리아어 '코르테 임페리알레(CORTE IMPERIALE)'가 정문 위에 적혀 있다.

먹히지 않았던 겁니다. 저는 국가가 힘이 없으면 언어도 힘이 없다는 사실을 뼈아프게 절감했습니다. 하나 고백하자면, 학교 안팎에서 겪은 이런 부당한 싸움들을 헤쳐 나온 시간은 제가 로타 로마나 변호사에 도전하게 만든 동기 중 하나였습니다. 누굴 이기려고 공부한 건 아니었지만, 열등한 아시아인이라는 편견으로 저를 차별한 사람들의 인식만이라도 바꾸고 싶었습니다.

로타 로마나 변호사 시험에 합격하고 난 뒤 잠시 이탈리아 로펌에 들어갔을 때, 첫 의뢰인을 만나던 날을 잊을 수 없습니다. 저는 제가 가진 것 중에서 가장 좋은 양복을 입고 출근했죠. 로펌 대표가 저를 대단한 실력을 가진 사람이라고 추켜세우며 소개했습니다. 하지만 의뢰인은 제 얼굴을 보자마자 노골적으로 낭패라는 듯한 표정을 지었습니다. 그리고 곧바로 한마디도 묻지 않고, 어떤 얘기도 없이 돌아갔습니다. 이게 무엇을 의미하는지 짐작하실 겁니다. 저 하나 변호사가 된 것만으로 사람들의 인식을 바꿀 수 있다는 생각은 오만이고 엄청난 오판이었던 거죠. 아시아인에 대한 뿌리 깊은 우월의식은 쉽게 바뀌지 않았습니다. 그건 교회 사회도 마찬가지였습니다.

2010년 9월 25일, 바티칸 대법원 로타 로마나 변호사 선서를 하던 때가 떠오릅니다. 이탈리아인 6명, 폴란드인 1명 그리고 저까지 7명이 칸첼레리아 궁 리아리아홀에 섰습니다. 저는 700년 역사를 자랑하는 로타 로마나의 930번째 변호사였습니다. 최초의 한국인이었죠.

Eique licentia concedatur in causis quibusvis ecclesiasticis, quae coram Rota Romana et Signatura Apostolica aguntur, nec non fruendi omnibus iuribus, honoribus et privilegiis.

에이퀘 리첸티아 콘체다루트 인 카우시스 퀴브스비스 엑클레시아스티치스, 쾌 코람 로타 로마나 에트 시나투라 아포스톨리카 아군투르, 넥 논 프레운디 옴니부스 유리부스, 호로니부스 에트 피리빌레지이스.

모든 권리와 명예 그리고 특권을 누리며 로타 로마나와 사도좌 대심원에 제기된 모든 교회 소송을 대리할 자격이 그에게 주어진다.

로타 로마나의 변호사에게는 권리와 명예와 특권이 주어지지만 변호사 자격증에 새거져 있는 이 문장을 읽을 때마다 의무와 책임의 무게가 더 크게 다가와 절로 겸손해집니다. 저 한 사람의 힘은 보잘것없고, 앞으로 어떤 길이 펼쳐질지 알 수 없었지만, 사람을 생각하는 법을 도구로 삼아 교회와 세상 사람들을 이어주는 디딤돌이 되고 싶다는 생각을 하며 그날 밤 쉽게 잠을 이루지 못했던 것이 기억납니다.

저는 그동안 눈만 뜨면 '오늘 해야 할 공부는 뭐지?'만 생각하며 살아 왔습니다. 하지만 그 긴 시간 동안 무수한 책을 익혀서 제 것으로 만드는 공부를 했어도, 누군가가 인정해주지 않으면 아무 소용이 없었습니다. 그래서 이제부터는 저만을 위한 공부가 아니라 다른 사람들에게도 나눠줄 수 있는 공부를 해야겠다고 생각했습니다. 그래야 이제까지 애써 해온 공부가 비로소

로타 로마나 소속 변호사들의 선서식이 이루어지는 리아리아 홀. 17, 18세기 교황의 공식 접견 장소로 쓰인 곳이기도 하다.

진정한 의미를 갖게 되고, 그와 더불어 제 삶도 저절로 풍성해질 것 같았죠. 뭔가 큰 것을 가졌다는 생각이 그만큼 막중한 책임감으로 이어졌습니다. 공부의 목적을 다시 상기하고 정화하는 계기가 되었죠.

'한국으로 돌아가 일단 학생들과 내 꿈을 공유하자! 할 수 있다면 한국의 젊은 인재들을 찾고 그들과 함께할 수 있는 일들도 생각해보자.'

공부의 격을 높여야 하는 이유

요즘 학생들과 이야기를 나눠보면 제가 어릴 때는 상상도 못 했을 정도로 높은 차원으로 공부를 파고드는 학생들이 제법 많다는 걸 알게 됩니다. 하지만 그 공부를 어떻게 유용하게 쓸지 혹은 진정으로 뭘 하고 싶은지 몰라서 방황하는 학생들도 많죠.

대부분의 사람들은 다른 사람의 기대나 시선에 짓눌려 자신만의 세계나 꿈을 지키지 못하고 평균적인 삶을 살다가 죽습니다. 다른 사람의 꿈을 자기 꿈인 줄 알고 사는 사람도 있습니다. 많은 사람이 가는 길이 옳다고 믿으며 그 무리에 끼지 못하면 불안감을 느낍니다. 하지만 자기 세계와 이상을 보통 사람들의 평균적 삶과 바꾸지 않으려고 하는 소수의 사람들이 있죠. 이런 사람들이 일을 내도 크게 냅니다. 저는 그들에게 작은 힘이라도 보태고 싶었습니다.

전쟁과 기후변화, 전염병 등 지금은 새로운 위험이 인류의 삶을 흔들면서 패러다임이 더 빠르게 바뀌고 있습니다. 여러 방면에서 세계 질서가 재편되는 가운데, 이 시대에 필요한 새로운 가치체계를 가장 먼저 공론화하고 합의하며 구현하는 국가가 앞서 나가게 될 겁니다.

저는 대한민국의 젊은이들이 세계의 젊은이들과 비교해서 결코 뒤지지 않는다고 생각합니다. 다만 필요한 게 있다면, 미국이나 유럽을 선진 국가, 주류 국가라고 생각하지 않고 대한민국을 본류 국가로 만들고자 하는 마음을 갖는 겁니다. '본류'란 사상이나 학술 따위의 주된 경향이나 갈래를 넘어 대한민국이 세상의 흐름에서 중심이 되는 겁니다. 서구의 문명이나 문화에 휘둘리지 않고 우리만의 독창성을 만들어나가야 하는 것이죠.

바티칸이라는 특별한 공간을 경험하면서 저는 세계 국가들이 힘의 우위에 따라 어떻게 줄을 서는지 분명하게 알 수 있었습니다. 세계 국가 정상들이 모여도 그 나라의 위상에 따라 의전 수준이 달라집니다. 국민의 한 사람으로서, 저는 이런 자리에서 한국의 모습이 당당해지길 바랍니다. 이를 위해 종교를 불문하고 이 땅의 젊은이들이 맘껏 숨 쉬고 꿈꾸며 자신의 이상을 위해 매진할 수 있게 해주어야 합니다. 그래야 대한민국이 미래의 희망을 말할 수 있습니다.

대한민국이 자랑할 수 있는 건 세계 최고 수준의 행정력입니다. 세계에서 저희 이상으로 빠르고 효과적으로 일 처리를 잘하는 나라는 찾아보기 어렵습니다. 유럽을 비롯한 많은 나라가 행정력이 부족하고 위급 상황을 해결할 능력이 없습니다. 유럽 사회도 고민을 하지 않은 것은 아닐 겁니다. 한마디로 쉽게 말할 수 있는 문제는 아니지만, 큰 테두리에서 보면 수백 년의 전통을 가진 지금의 정치사회제도가 고착화되어 새로운 것을 받아들이고 바꾸기까지 너무나 어려운 문제를 안고 있는 거라고 저는 생각합니다.

반면 우리 사회는 빠르고 효율적인 일 처리가 장점이지만, 그런 시스템을 유지하기 위해 많은 사람이 희생 당하고 있습니다. 갈수록 높아지는 노동의 강도 그리고 자본을 앞세워 사람이 사람에게 늑대가 되는 이 사회의 양상은 우리를 고통스럽게 하고 있죠.

오랜 세월 외국에서 살다가 귀국한 분이 한국의 백화점에 가면 90도 인사를 받는 일이 마음을 오히려 불편하게 했다고 말했었죠. 물건을 파는 입장과 사는 입장이라는 간단명료한 관계에서 그렇게까지 한쪽이 고개를 숙일 필요는 없지 않을까요. 한국인들이 해외 상점의 직원들 태도가 불친절하다고 느끼는 건 '손님이 왕'이라는 한국식 인식에서 기인한 것일 겁니다. '서비스'라는 명목으로 한 인간의 호의를 그렇게까지 과하게 강요하는 게 과연 옳은 걸까요?

사회 구성원이 타인의 고통에 대해 무감각하거나 민감성이 떨어지면 사회의 통증이 심해집니다. 고객이 백화점 직원을 무릎 꿇린 사건을 기억하실 겁니다. 어떤 이익보다도 사람의 마음을 우위에 두면 결코 할 수 없는 일입니다. 자신의 권리와 상대방의 호의를 구분할 줄 알아야 합니다.

여러분은 어떤 목적을 가지고 공부하고 계시나요? 공부를 해나가는 과정에서 '기억의 정화'와 함께 필요한 건 바로 '목적의 정화'입니다. 우리 사회가 힘들고 아프고 어려웠던 건 열심히 공부해서 높은 연봉을 받는 직업을 가진, 소위 사회적으로 성공한 사람들이 없기 때문일까요? 그렇지 않습니다. 그보다는 목적을 정화하며 공부의 격을 높인 사람들이 부족했기 때문이라고 저는 생각합니다.

나에게서 이웃으로, 이웃에서 사회로, 사회에서 국가로, 다시 세계로, 결국 인류 전체로까지 힘이 되는 공부의 목적이 사람을 사람답게 만들고, 더 나아가 거룩하게 만듭니다. 모든 공부는 처음부터 끝까지 인간으로 귀결되기 때문입니다. 언어를 공부하고 인문학을 공부하고 역사를 공부하고 과학을 공부하고 예술에 헌신하는 그 모든 배움은 결국 한 가지 질문으로 귀결됩니다.

"인간에게 어떻게 다가갈 것인가?"

법학이 법조문을 아는 것이 전부가 되어서는 안 됩니다. 세상 모든 분야에 대해, 예를 들어 의학, 생명, 윤리, 종교, 심리학 같은 분야에 대해 적어도 전문가들이 말하는 논리와 흐름은 이해할 수 있어야 합니다. 유럽의 법과대학에서 가장 많이 보는 책은 미국심리학회에서 발행하는《정신질환의 진단 및 통계 편람 DSM, Diagnostic and Statistical Manual of Mental Disorders》입니다. 여러 질환과 관련한 범죄를 어떻게 이해할 것인가가 중요하기 때문이죠. 그런 의미에서 법학은 인간에 대한 종합 학문이라 할 수 있습니다.

우리에게는 어떻게 인간에게 다가가야 하고 유익이 될 수 있는가를 고민하면서 공부의 격을 높여가는 사람들이 필요합니다. 그럼 누가 해야 할까요? 스스로 그리고 우리가 더불어 해야 합니다. 그런 갈망을 가진 사람들이 많아져야 합니다. 이를 위해서 자기 공부의 목적을 정화해나가는 사람들은 어떤 장소든 존재만으로도 그곳을 아름답게 꾸미게 될 것입니다.

> Homo sum et humani nihil a me alienum puto. (Terentius.)
>
> 호모 숨 에트 후마니 니힐 아 메 알리에눔 푸토. (테렌티우스.)
>
> **나는 인간이다. 그러므로 나는 인간적인 것 가운데 나와 관련 없는 것은 하나도 없다고 생각한다.**

18장

중간태로 산다는 것

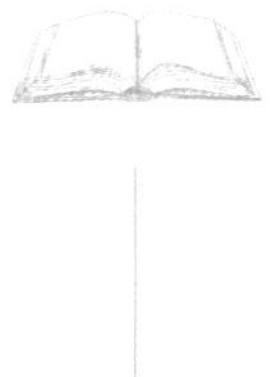

우리 집엔 '생각하는 방'이 있습니다. 작은방 한가운데에 의자가 있는데 저는 아침에 일어나자마자 이 방에서 잠시 생각하는 것으로 하루를 시작합니다. 어느 날 의자에 앉아서 창밖 너머를 바라보며 생각을 정리하려고 하는데, 창 너머가 아니라 유리창만 바라보고 있는 저 자신을 발견했습니다. 유리창에 묻은 얼룩이 눈에 거슬리기 때문이었죠.

저는 어떻게 하면 저 얼룩을 닦을 수 있을까 고민하기 시작했습니다. 그래서 인터넷을 뒤져 청소 도구를 샀습니다. 그 도구로 창의 안쪽과 바깥쪽을 깨끗이 닦았습니다. 그런데 닦아도 닦이지 않는 창 구석의 더러움이 보였습니다. 생각하는 방에 앉을 때마다 어떻게 하면 닦이지 않은 부분을 닦을 수 있을까 고민했습니다. 그러다 어느 날은 닦이지 않은 부분이 아니라 잘 닦인 부분을 보게 됐습니다. 새로 산 청소도구로 깨끗이 닦인 그 부분 말이죠. 그때 이런 생각이 들었습니다.

'깨끗한 부분이 더 많은데 난 왜 계속해서 닦이지 않은 부분만 보고 있었을까?'

오늘이라는 시간 속에서 몸을 가두고 공부의 매듭을 짓기 위해 노력하다 보면, 매듭짓는 일 자체에 서투른 자신을 발견하기도 하고, 때로는 매듭짓지 않는 나를 보게 되기도 합니다. 매듭을 짓는 방법도 한 가지만 있지는 않습니다. 또 예쁜 모양의 매듭이 나올 수도 있고 그렇지 않을 수도 있습니다. 그런데 우리는 예쁘지 않은 매듭을 놓지 못하고 계속 타박하며 신경 쓸 때가 많습니다. 제가 닦이지 않은 작은 부분만 바라본 것처럼 말이죠.

사회의 통증을 줄이는 시작

사람은 일의 매듭을 잘 짓고 못 짓고가 아니라 매듭을 지어가는 과정 속에서 스스로가 어떻게 자신을 존중하느냐에 따라 그 존재의 아름다움이 정해집니다. 존재의 아름다움을 완성해 가는 과정은 말 그대로 '과정'이기 때문에 반드시 '이쪽'이나 '저쪽'이 아닌 '그 사이'일 때가 더 많습니다. 무언가 확실한 의견, 나만의 고유한 입장이 있을 것만 같은데 이도 저도 아닌 나 자신을 볼 때가 훨씬 더 많습니다. 그럴 때 저는 라틴어 동사의 '중간태vox media'를 생각해보곤 합니다.

외국어 공부를 하면서 능동태와 수동태에 대해서는 많이 들어봤을 겁니다. 그런데 '중간태'라고 하면 '뭐지?' 하고 고개를 갸웃할 분들이 많으실 겁니다. 라틴어 동사는 어미의 형태forma에 따라 능동형과 수동형으로 나뉘고, 동사의 의미에 따라 능동, 수동, 중간태로 구분됩니다. 동사의 태vox란 단어에 논리적 의미를 부여한 것으로, 단어가 표현하는 행위와 주어와의 관계를 나타낸 것입니다.

잠시 라틴어 동사의 능동태, 수동태, 중간태에 대해 간략히 설명해보겠습니다. 첫 번째로, 능동태vox activa는 형태상 능동형과 일치합니다. 능동태는 주어가 동작의 주체, 즉 행위자일 경우를 의미합니다. 주어가 실행하는 행위와 상태를 가리키지요. 두 번째, 수동태vox passiva는 형태상 수동형과 일치합니다. 수동태는 주어가 피동작주, 즉 피행위자일 경우를 의미합니다. 마지막으로 중간태vox media는 행위가 주어 자신에게로 돌아오는 것으로, '재귀동사'라고 하면 이해가 더 쉬우실 겁니다.

중간태는 형태상 수동형을 따릅니다. 고대에 중간태 동사는 탈형동사였죠. 그 가운데 약간의 동사들만이 원래의 중간태 의미를 간직하고 있습니다. 중간태라는 동사의 문법이 잘 살아 있는 언어는 그리스어입니다. 그리스어로 된 비극이나 신약성경을 읽기 위해 고전 그리스어를 배워야 하는 사람은 바로 이 중간태를 익혀야 합니다. 라틴어는 그리스어 문법을 간소화한 것입니다.

라틴어의 중간태를 문법적으로 설명하긴 했지만, 사실 저는 사회적 맥락에서 말하고 싶습니다. 라틴어의 중간태를 오늘날의 사회적 맥락으로 설명한다면, '무엇 같은 상태', '무엇이 되어가는 과정', '무엇이기도 하고, 아니기도 한 상태' 정도가 되지 않을까 합니다. 의견을 이야기할 때 '~같아요'라고 말하는 사람에게 자기 주관이 없다고 말하곤 하는데요, 전 그렇게 생각하지 않습니다. 오늘날 우리 시대에서 어쩌면 '중간태'는 피할 수 없는 것이지 않을까 합니다. 시간은 흐르고 있고, 그것이 꼭 변화일 수도 아닐 수도 있지만, 우리는 자신을 둘러싼 여러 다양한 상황과 과정의 중간에서 살아가고 있기 때문이죠. 결론이나 목적에 도달했다고 생각했더라도 그 역시 다른 무언가의 과정일 수 있습니다. 이처럼 인간이 언제나 과정 속에 놓인 존재라면 '내가 무엇일 수도 있고 아닐 수도 있다는' 자각이 꼭 잘못된 것만은 아닐 겁니다.

공부를 하다 보면 무엇일 수도 있고, 아닌 것 같기도 한 자기 자신을 수없이 보게 됩니다. 그러나 그렇게 명확하지 않고 어정쩡한 상태가 꼭 잘못된 것은 아닙니다. 우리는 모두 "원하는 대로 살 권리가 있습니다Ius vivendi ut vult, 유스 비벤디 우트 불트." 저는 공부뿐만이 아니라 생각도, 의견도, 입장도 마찬가지라고 생각합니다. 왜 꼭 어느 한쪽에 속해야 합니까? 우리가 어느 한쪽에 치우치지 않았을 때 좀 더 객관적이고 투명한 시각으로 바라볼 수 있는 여유가 생기게 됩니다. 살다 보면 종종 중간에 속해 있는 상태를 '기회주의'로 여기며 한쪽으로 서라고 강요받을 때가 있습니다. 하지만 일상이 많은 선택지 중 '명백하고 확실하게 규정된 한 곳'에 위치할 상황만 있다고는 생각하지 않습니다.

실상 몸을 가두고 무언가를 배워가는 과정 속에서는 주어진 시간을 꽉 채우지 못하고 이도 저도 아닌 나를 거의 매일 보게 됩니다. 이도 저도 아니라고 해서 그게 내가 아닌 것은 아니잖아요? 이도 저도 아니라고 해서 그게 삶이 아닌 것은 아닌 것처럼요. 그렇기 때문에 '나'라는 유리창에는 얼룩도 있고 흠집도 있지만 깨끗한 부분이 더 많다는 것을 기억하세요. 그것을 통해 나와의 약속도 잘 지키지 못한 나, 이도 저도 아닌 그저 그런 나이지만 그래도 다시 일어설 수 있는 힘을 얻을 수 있을 겁니다.

첫걸음을 뗄 때를 상상해보세요. 아이가 일어나 걸을 수 있도록 옆에서 힘을 북돋아주지만, 결국 일어나 걷는 것은 나 자신입니다. 일어나 첫걸음을 떼기까지 우리는 수없이 많은 순간 이도 저도 아닌 중간태로 있었습니다. 앉지도, 걷지도 못한 채 기어 다니는 그 중간태 말이지요.

그렇다고 늘 중간태에 머물러 있는 건 아닙니다. 시간이 지나면 중간태가 아닌 다른 확실한 쪽으로 갈 수 있습니다. 대체로 그렇습니다. 어느 한쪽을 선택해서 거기에 속하기로 합니다. 왜냐하면 인간은 본능적으로 또 심리적으로 이도 저도 아닌 모호

HIC·REGINA·SITA·EST·TA
VOD CONIVNX·STATVIT·RE
LAEC·POST·BIS·DENOS·SECV
T·QVARTVM·MENSEM·RESTA
VRSVM·VICTVRA·REDITV
IAM·SPERARE·POTEST·IDEO·QVO
ROMISSVM QVAE VERA·FIDES·T
VAE·MERVIT·SEDEM·VENERA
OC·TIBI·PRAESTITERIT·PIET
OC·ET·AMOR·GENERIS·HOC·C
NIVGII·MERITVM·CVIVS·T
RVM·FACTORVM·TIBI·SVM

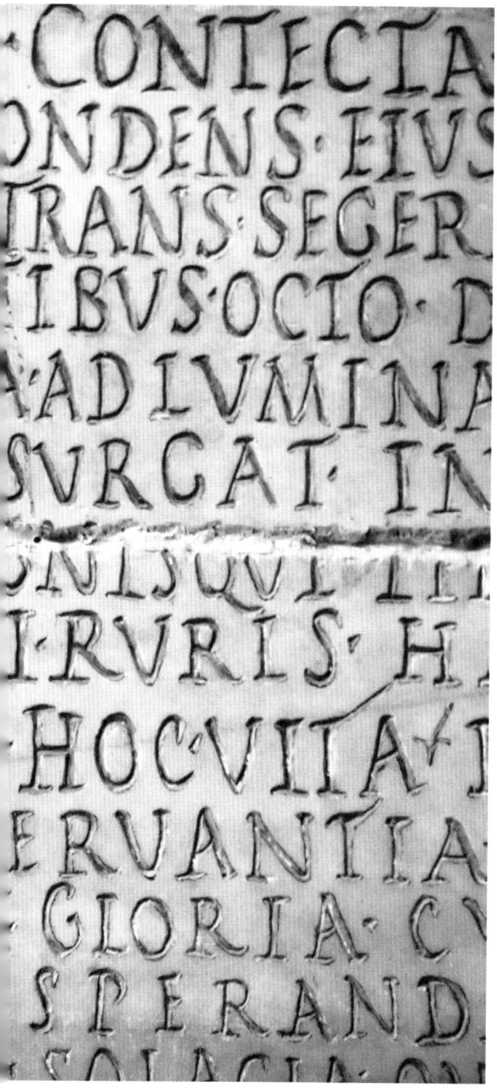

라틴어에는 중간태라는 동사의 흔적이 남아 있다. 중간태는 문법적으로는 '중동태'로 쓰나 이 책에서는 사회적 함의를 담는다는 의미에서 '중간태'라 쓴다.

한 것을 싫어하기 때문입니다. 불확실한 것에 불안을 느끼죠. 어떤 것이든 빨리 깔끔하게 이쪽 아니면 저쪽으로 결론을 내린 다음 안심하고 싶은 심리가 있습니다.

중간태가 나쁜 것이 아니듯 어느 쪽, 어느 편, 어느 파, 어느 진영에 속하든 그건 나쁜 것이 아닐 겁니다. 다만 중간태든 능동태든 수동태든 그것이 어떤 하나의 진영을 가리키는 말이라 해도, 이들이 대화할 수 있는 양식을 가지고 있으면 됩니다. 주관이 없다고 하는 중간태, 자기주관이 너무 확실해서 탈인 능동태, 자기 주관이 능동태와 너무 달라 신경질적인 수동태, 이들이 서로에게 손가락질하면서 비난하지 않고 대화할 수 있는 지성을 갖추는 것. 이것이 우리 사회의 고통을 줄이는 시작입니다.

아름다운 사람의 조건

우리 사회가 이렇게 통증이 심한 건 싸울 능력은 있어도 대화하는 능력은 부족하기 때문입니다. 대화가 되면 시끄럽지 않아서 고통이 줄어드는 게 아니라 대화를 통해 합의할 수 있기 때문에 사회 곳곳의 아픈 문제를 돌보는 것이 가능해집니다.

"합의가 법을 만든다Consensus legem facit, 콘센수스 레젬 파치트."

합의할 수 있는 능력은 오늘날 한국 사회에 가장 요구되는 능력일 겁니다. 합의가 가능하고 상식이 통할수록 사회는 한 차원 성장할 수 있습니다.

대한민국에서 소송이나 재판을 하면 대체로 1심에서 끝나지 않습니다. 민사소송이 되었든 형사소송이 되었든 1심에서 2심으로, 다시 항소 법원까지 가는 일이 빈번합니다. 그건 사람들이 1심만으로는 자신의 이야기를 충분히 전달하지 못했다고 생각하기 때문입니다. 왜 이런 일이 일어나는 걸까요? 그건 합의하는 능력, 곧 대화하는 능력이 부족하기 때문입니다. 이것은 우리 사회 구성원이 태어나 자라면서 서로 다른 생각에서 빚어진 오해나 갈등을, 목소리를 높이지 않고 해결하는 훈련을 해본 적이 별로 없기 때문입니다. 방법을 배운 적도 거의 없습니다. 우스갯소리 같지만, 그래서 예전에는 '법보다 주먹', '목소리 큰 사람이 이긴다'는 말들이 한국 사회에서는 공공연히 통용되었습니다.

합의하는 능력은 곧 공부하는 능력입니다. 어릴 때부터 독서와 독해 그리고 사유로 이어지는 교육이 예가 될 수 있습니다. 독서를 통한 사고력과 통찰력은 어떤 문제를 대할 때도 겉으로 드러난 현상 너머의 본질을 바라보는 눈을 길러줍니다. 본질은 하나인데 현상은 여러 가지 양상으로 나타날 때, 서로 다르게 드러난 현상을 붙들고 자기주장만 하는 과정에서 다툼이 일어나는 겁니다. 합의는 요원해지고요.

독서를 많이 한 사람은 진영을 불문하고 대화가 가능합니다. 본질을 바라보는 관점이 조금 다르다고 해도 그들이 축적한 지성의 힘으로 충분히 대화를 이어갈 수 있습니다. 그리고 합의한 사항을 충실하게 이행하는 아름다운 마무리까지 가능합니다. 어릴 때부터 건강하게 책을 읽고 사유하고 대화하는 연습을 많이 해온 학생들이 사회로 나온다면, 서로의 상처를 최소화하는 가운데 합의에 이르고 그 안에 담긴 내용을 통해 사회적 문제를 해결해나갈 수 있을 겁니다. 그렇기 때문에 미래 세대에게 무엇을 가르칠 것인지에 대한 고민과 실행이 더 빠르게 이루어져야 합니다.

이탈리아를 비롯해서 유럽의 대학에서는 자기 분야에 대한 실력을 쌓아가면서 동시에 인문학과 철학적 사고를 통해 답해가는 공부를 합니다. 이런 공부는 중고등학교 때부터 하는데요, 학생들은 수업시간에 책을 읽고 내용을 통찰하고, 자기 생각을 정리하는 연습을 계속합니다. 대학에서는 수준이 높아질 뿐, 수업의 형태는 엇비슷합니다. 이런 방식으로 수업을 한 학생들은 졸업 후 사회에 나왔을 때 타인과 의견을 나누고 조율하는 일을 부담스러워하지 않게 됩니다. 대표적인 나라가 바로 프랑스죠.

프랑스에서는 대학을 가기 위해 '바칼로레아'를 봐야 하는데, 우리 식으로 말하면 논술 시험 같은 것입니다. 나폴레옹에 의해 시작되어 약 200년에 가까운 역사를 가지고 있는 이 시험을 통과하면 특수학교인 그랑제콜을 제외하고 모든 대학에 입학할 수 있는 자격이 주어지죠. 그중 철학과 논술은 모든 학생이 봐야 하는 필수 영역으로, 문제 자체는 간단하지만 난이도가 상당히 높습니다. 주제들은 대개 이렇습니다.

- 시간을 피하는 것이 가능한가?
- 우리가 하는 말에는 우리 자신이 의식하고 있는 것만이 담기는가?
- 우리는 과학적으로 증명된 것만을 진리로 받아들여야 하는가?
- 권리를 수호한다는 것과 이익을 옹호한다는 것은 같은 뜻인가?
- 무엇이 내 안에서 어떤 행동을 해야 할지를 말해주는가?
- 과거에서 벗어날 수 있다면 우리는 자유로운 존재가 될 수 있을까?

우리나라의 일반적 논술 문제와 달리 주제가 광범위하고 어렵습니다. 문제는 대학교수가 아닌 현직 교사들이 출제하는데, 여기서 핵심은 일반적으로 통용되는 의견이나 학습된 이론보다는 주관적이고 독창적인 글을 요구한다는 것입니다. 결국 바칼로레아는 자기 생각을 쓰는 시험인 거죠. 어디서 본 듯한, 누군가 쓴 듯한, 어디서 훈련받은 듯한 그런 글은 좋은 평가를 받기 어렵습니다.

프랑스에서 철학 및 논술 시험 문제는 학생뿐만 아니라 온 국민의 관심사입니다. 프랑스 국민들은 바칼로레아 철학 영역 문제가 발표되면 카페에 앉아 그 주제로 종일 이야기를 나누기도 합니다. 지식인들이 그 주제에 대한 자기 생각을 신문에 기고 할 정도라고 하니, 토론과 대화가 일상인 나라답게 프랑스에서는 입시가 떠들썩한 축제처럼 느껴집니다.

우리가 이런 방식의 입시를 도입할 수는 없지만, 궁극적으로 우리의 교육도 어느 한 축은 이런 방식을 지향해야 하지 않을까 생각해봅니다. "어떻게 하면 공부를 잘할 수 있을까"의 궁극적 답이 될 질문으로 "어떻게 하면 철학하게 할 수 있을까"를 고민하고 실행하는 교육 말이죠.

요즘 학생들이 공부하느라 책 읽을 시간이 없다는 이야기를 들었습니다. 책을 읽게 하는 선생님을 싫어하는 부모가 있다는 얘기도 들었습니다. 책을 읽고 사유하는 시간을 확보하기까지 일상에서 이런저런 장애물이 너무나 많은 현실에서, 책을 읽는 시간은 아이들에게 그림의 떡에 불과할지 모릅니다. 그 말은 스마트 기기를 손에 들고 학원에 가는 버스 안에서 유튜브에 빠진 학생들에게만 책 읽기를 맡겨둬서는 안 된다는 것입니다. 공교육이 장기적 계획을 세워서 책 읽기, 사유하기, 글쓰기를 정규 교육 과정에 포함시키기를 개인적으로 소망합니다. 이 세 가지는 참으로 중요하고도 시급한 공부입니다.

제가 가진 공부에 대한 철학과 다소 논점이 다른 이야기일 수 있지만, 사실 이 말이 제가 가장 하고 싶은 말이기도 합니다. 미래 세대가 인본주의적인 가치를 중시하는 상식적이고 이성적인 사회 구성원이 되는 데 필요한 본질적인 공부를 할 수 있도록 투자해야 합니다. 이것이 공교육의 핵심이 되어야 하지 않을까요? 천재와 인재는 그냥 나오지 않습니다. 바로 이런 환경 속에 묻혀 있던 잠재력이라는 씨앗이 발아하는 거겠죠.

결국 합의도 중간태가 아닐까 싶습니다. 이 주장과 저 주장 사이에 있는 생각의 교집합 가운데서 도출한 것이니까요. 그러나 한편으로 합의는 아무것도 결정되지 않은 뜨거운 대화 속에서 끝내 쓸모 있게 건져진 '무엇'인지라, 이미 중간태가 아닌 것 같기도 합니다. 중간태의 의미는 성장 혹은 완성으로 가는 길. 그 어디쯤에 있지 않을까요? 여러분도 저도, 공부하는 사람은 거기에 있는 겁니다.

저마다 공부하느라 아프고 힘들어도 지금이 가장 아름답게 빛나는 때입니다. 인간은 배우고자 하는 열망이 있을 때 가장 빛나는 얼굴을 갖습니다. 배우지 않고, 공부하지 않는 사람이 되지 않기를 바랍니다. 공부하지 않을 때 인간은 늙어갑니다. 공부하는 사람은 죽을 때까지 아름다운 사람입니다.

Docto homini vivere est cogitare.

독토 호미니 비베레 에스트 코지타레.

현명한 사람에게 산다는 건 사유思惟한다는 것이다.

19장

레 체드레,
죽는 날을 생각하는
오늘의 삶

'레 체드레'는 프랑스어로 '삼백나무'를 뜻합니다. 레바논의 한 지역명이기도 한 레 체드레는, 이곳에 삼백나무가 많이 서식했기 때문에 붙여진 이름이라고 합니다. 레바논 국기에는 초록색 나무가 한 그루 그려져 있는데, 그 나무가 바로 삼백나무입니다. 구약성경에 나오는 솔로몬의 궁전도 이곳의 삼백나무를 베어다가 지었다고 합니다만, 오늘날에는 안타깝게도 매우 한정된 지역에서만 자라고 있습니다.

레 체드레는 레바논 북부에 위치한 조그만 산악 마을로, 서방의 수도생활 전통의 원형이자 동방의 생활양식을 서방에 전해 그들의 종교, 교육, 법률 문화에 방대한 영향을 끼친 곳입니다. 이곳에는 레바논 출신의 신비주의 시인이자 작가, 화가이며,

철학자였던 칼릴 지브란의 박물관이 있습니다. 스물여섯 가지 삶의 주제를 시적인 언어로 써 낸《예언자》는 우리나라에서도 큰 사랑을 받았으며, 지금도 많은 이들에게 읽히고 있습니다.

그의 고향에 세워진 박물관은 본래 수도원이었는데, 수도자들이 수행을 한 공간의 지하에 지브란의 묘지가 있습니다. 어릴 때 어머니와 함께 미국으로 이민을 갔지만 죽어서는 레바논에 묻히고 싶어 했던 그의 마음을 저는 레 체드레를 방문한 뒤 조금은 알 수 있었습니다.

깎아지른 절벽 사이에 있는 카디샤 계곡은 신비스러운 느낌으로 가득했습니다. 번잡한 도시보다는 조금은 척박해 보이는 산지에 자리 잡은 그 마을이 오히려 마음의 안식처가 될 것 같았습니다. 죽음은 가장 편안한 곳으로 향해 가는 본능이 있나 봅니다. 이민자로서 고단하게 살아온 영혼을 눕힐 곳으로 지브란은 자신의 고향 마을을 선택했습니다.

진정한 공부의 의미

레 체드레가 중요한 이유는 서방 수도생활의 원형이 남아 있는 수도원이 있기 때문입니다. 제가 이곳을 방문했을 때 세 명의 은수자eremita가 살고 있다는 말을 들었습니다. 그리스도교에서 '은수자'라는 말은 '사막에서의 삶' 또는 '사막에서 사는 사람'이라는 뜻의 그리스어 '에레미테스ἐρεμίτης'에서 유래했습니다. 은수자들은 세상과 철저하게 격리되어 내적인 고독을 위해 스스로 물리적인 고독을 선택한 이들입니다. 역사적으로 이들은 거주하는 곳을 떠나 도시인들과 다른 복장을 착용하고, 음식을 절제하며 독신의 삶을 살면서 세상과 분리된 삶을 삽니다.[24]

은수자들이 기도하는 성당과 수도원의 현관 입구 대리석에는 어떤 글자와 숫자가 쓰여 있었습니다. 그건 은수자들이 언제 자신이 죽을지 예상한 날짜라고 하는데요, 더 놀라운 것은 정확히 그날에 죽었다고 합니다.

저는 그곳에서 한참을 서 있었습니다. 내가 언제 죽을지를 안다는 것도 놀라운 일이지만, 내가 언제 죽을지를 아는 사람들은 어떻게 살아갔을지 문득 궁금해졌기 때문입니다. 그리고 '언제 죽을지 안다면, 만약 나라면 어떻게 살아갈까' 하는 생각도 잠시 했습니다. 그들의 흔적을 바라보고 있는데, 이 문장이 머리를 때리듯 스쳐 지나갔습니다.

Vive memor mortis; fugit hora.

비베 메모르 모르티스; 푸지트 호라.

죽음을 마음에 품고 살아라; 시간은 도망간다.

삶이란 결국 '죽음에 이르는 여정iter ad mortem'일 수 있습니다. 서양의 일부 문화에서 묘지는 일상에서 가까운 공간입니다. 매일 죽은 가족의 무덤을 찾는 사람들도 많이 볼 수 있습니다. 묘지를 찾아가 주변을 꾸미고 꽃에 물을 주며, 마치 옆에 있는 사람에게 하는 것처럼 묘비를 쓰다듬으며 사랑한다고 말하는 건 우리에게 낯선 모습일 수 있습니다. 우리 사회에서는 죽음에 대해 말하는 걸 꺼리기 때문에 묘지나 납골당을 혐오 시설로 생각하죠. 조상을 공경하고 제사를 지내는 문화를 갖고 있으면서도 묘지는 주변에 가까이 있기를 바라지 않습니다.

만약 우리가 죽음을 마음에 품고 살아간다면 삶은 어떻게 바뀌게 될까요? 내가 살날이, 살아가야 할 날이 정해져 있다면 나는 '여기에서 지금hic et nunc, 힉 에트 눈크' 무엇을 하고 보낼까요? 죽음을 상상하며 지내는 정도가 아니라 코앞에 직면했던 사람이 있습니다.

철학자 보에티우스는 5세기 로마의 귀족 가문에서 태어나 문학, 역사, 철학, 천문학, 음악 등 다방면에서 뛰어났던 엘리트였습니다. 20대 후반에 집정관에 임명되었고 후에 유망한 정치가이자 덕망 있는 철학자가 되었습니다. 그런데 그는 반역죄로 고소당한 사람을 변론하다가 오히려 자신이 반역죄로 감옥에 갇히게 됩니다. 테오도리쿠스 왕의 미움을 단단히 산 그는 결국 누명을 벗지 못하고 먼 곳으로 유배되어 사형이 집행될 날만 기다리며 사는 처지가 되었죠.

남부러울 것 없는 명문가 출신으로 탄탄대로의 삶을 살다가 하루아침에 사형수라는 신분으로 전락했을 때, 그가 할 수 있는 일이 무엇이었을까요? 억울함과 절망감에 몸이 상할 정도로 울부짖거나, 풀려날 수 있다는 희망도 살겠다는 의지도 다 버리고 정신마저 놓아버릴 수도 있었을 겁니다. 유복한 환경에서 성장한 점을 고려한다면 어쩌면 그에게는 실패와 절망에 대한 면역이 없을 수도 있었으니까요.

하지만 보에티우스는 달랐습니다. 절망적인 상황에서 그는 철학 공부를 시작했습니다. 몸은 비록 갇힌 신세였지만 그의 영혼은 어디에도 갇히지 않고 자유로웠죠. 나락으로 떨어진 삶이었지만 그래도 자신에게 남은 것이 무엇인지 잘 알고 있던 그는 성경 다음으로 많은 사람들이 읽었다는《철학의 위안》을 집필합니다.

그 책에서 그는 운명, 참된 행복, 우주의 질서, 신의 섭리 등 지금도 우리가 갖게 되는 근본적인 물음들에 답합니다. 플라톤과 아리스토텔레스 같은 이전 세대 철학자들의 저서를 인용하거나 참고했지만 보에티우스가 철학의 여신과 이야기를 나누는 대화체로 되어 있어서 쉽게 읽히는 철학책입니다.

보에티우스는 감옥에서 공부하며 자신을 죽음의 구렁텅이에 집어넣은 세속 권력의 허무함을 절감했을까요? 아닙니다. 깊은 진리에의 탐구가 그 허무함과 불운한 처지를 달래주었을 겁니다. 그는 '갇힌 자'이자 '배운 자', 그것도 '제대로 배운 자'로서 할 수 있는 가장 가치 있는 일을 했습니다. 신이 준 자신의 악보를 찾아 자기 안의 신성성을 완성한 것입니다.

보에티우스는 플라톤, 아리스토텔레스 등 그리스 철학을 중세에 전했고, 현세적 쾌락을 버리고 덕을 바탕으로 마음의 평안을 얻을 것을 역설했다.

《철학의 위안》처럼 죽음을 앞둔 사람의 질의응답은 남다른 진실과 진정성으로 다가옵니다. 선대 철학자들의 사상을 치열하게 사유하고 성찰하고, 세계와 인간의 삶, 신과 인간의 관계에 대한 깊은 통찰과 직관이 가득한 글로 아픔을 치유하는 과정을 거치며 그 영혼은 더욱 자유로워지지 않았을까요? 그의 글은 현대를 사는 우리에게도 더할 수 없는 위안과 평화를 줍니다. 진정한 공부는 바로 절망적인 상황에 놓여도 흔들리지 않으며 그 안에서 기쁨을 찾는 것입니다.

후회하지 않을 삶을 위해

만일 우리가 살아갈 날이 정해져 있다면, 살 수 있는 기간에 따라 '소망 목록'이 달라질 수도 있을 겁니다. 죽음이 명시적으로 다가온 상황에서 우리의 소망 목록엔 어떤 것들이 오를 수 있을까요? 그 안에 보에티우스처럼 진리의 탐구가 있습니까? 가장 먼저 '후회'라는 단어가 떠오르지는 않을까요? 어쩌면 하지 못한 것들에 대한 후회로 점철된 목록을 가지고 마지막으로 한번 해보겠다고 결심할지도 모르겠습니다.

"나는 내가 살아온 것을 후회하지 않는다Neque me vixisse pœnitet, 네퀘 메 비시쎄 푀니테트"라고 자신 있게 말할 수 있는 사람이 얼마나 될까요? 하지만 키케로는 이렇게 말했습니다.

Non me vixisse pænitet, quoniam ita vixi ut non frustra me natum esse existimem.

논 메 빅시쎄 패니테트, 쿼니암 이타 빅씨 우트 논 프루스트라 메 나툼 에쎄 엑시스티멤.

한 생을 산 것을 나는 후회 않는다. 나는 내가 태어난 것이 무익하지 않았다고 여길 수 있게 살아왔다.

그는 여기서 한 걸음 더 나아가 다음과 같은 말을 했습니다.

Sapientis est proprium nihil, quod pænitere possit, facere.

사피엔티스 에스트 프로프리움 니힐, 쿼드 패니테레 포씨트, 파체레.

후회할 만한 짓을 하나도 하지 않는 것이 현자의 고유한 처신이다.

이렇게 말할 수 있었던 키케로가 그저 한없이 부러울 뿐입니다. 키케로와 달리 저는 자랑할 수 있는 것이라고는 저의 실패와 부끄러움뿐입니다. 저는 실수하면서 배워온 존재입니다. 이렇게 실패와 실수, 부끄러움으로 얼룩졌지만, 지금 여기에서 후회하지 않는 삶을 살아가려면 어떻게 해야 할까를 고민하고 있습니다. 레바논 레 체드레에서 은수자들이 써놓은 자신들의 사망 예정일 앞에서 저는 죽을 날을 생각하기보다 남은 날들을 어떻게 보낼지를 생각했습니다. 여러분은 여러분의 살날이 정해져 있고, 그것을 안다면 남은 시간을 어떻게 보내고 싶으신가요?

Nullus homo tamen suo arbitratu decernere potest utrum vivere malit an mori.[25]

눌루스 호모 타멘 수오 아르비트라투 데체르네레 포테스트 우트룸 비베레 말리트 안 모리.

그러나 그 누구도 살 것인지 죽을 것인지를 임의로 선택할 수는 없다.

우리는 생각합니다. 생각을 통해 타인을 재단하고 비난하고 비교하는 일에 몰두하기보다, 후회되지는 않을 삶을 위해 공부를 한다면 얼마나 좋을까요? 그것을 철학이라고 말한 사람도 있답니다.

Hoc tibi philosophia præstabit: numquam te pænitebit tui.

혹 티비 필로소피아 프래스타비트: 눔쾀 테 패니테비트 투이.

철학은 이 점을 그대에게 제공하리라: 그대가 그대 자신을 두고 결코 후회하지 않는 삶!

— 세네카

고대 로마의 철학자이자 정치가, 문인인 키케로.

20장

저는 여전히
공부하는 노동자입니다

이 책을 시작하게 된 가장 작은 동기는 고등학교 때 연습장 표지에 있던 시와 그림이었습니다. 예전에 학생들이 쓰던 노트나 연습장엔 그런 문학적이고 낭만적인 표지가 있었습니다. 제 연습장엔 러시아 시인 푸시킨의 시 〈삶이 그대를 속일지라도〉가 적혀 있었죠. 아마 많은 분들이 이 구절을 알고 계실 겁니다.

"삶이 그대를 속일지라도 슬퍼하거나 노여워하지 말라."

저는 문방구에서 연습장을 고르다 '삶이 그대를 속일지라도'라는 문구에 꽂혔습니다. 독서실에서 공부하기 전에 그 문구를 보면 왠지 모르게 마음이 따뜻해졌습니다. 제 이 보잘것없는 글들은 바로 그 기억에서 시작했습니다.

하지만 '삶의 그대를 속일지라도'라는 이 시 구절을 저는 그

후로 오랫동안 잊고 지냈습니다. 그러던 어느 날, 학교 안 카페에 앉아 커피를 마시는데 한 학생이 노란 봉투를 주고 갔습니다. 열어 보니, 놀랍게도 그 봉투 안에는《삶이 그대를 속일지라도》시집이 들어 있었죠. 저는 그 책을 선물해준 그 학생의 마음이 너무나 고마웠습니다. 이름을 물어볼 새도 없이 책만 주고 홀연히 사라진 그 학생이 누구인지 아직도 알지 못합니다.

그런데 책을 받고서 마냥 기뻤던 것만은 아닙니다. 마치 그 학생에게 제 마음을 들킨 것 같았거든요. 수업 시간에 학생들에게 "힘내라"라고 위로했지만 정작 제 자신은 현실에서 신음하며 아파하고 있을 때였습니다. 저의 그런 마음을 아는 듯《삶이 그대를 속일지라도》라는 시집을 불쑥 전해주고 어디론가 사라진 그 학생이 오래도록 잊히지 않네요. 어떤 마음으로 제게 그 책을 전해준 것인지는 알 수 없지만 저는 이 일이 생각날 때마다 마음이 촉촉해집니다. 그때 그 학생은 제게 친구가 되어주었다고 생각합니다.

행복의 시간을 누린다는 것

처음 서강대에서 초급 라틴어를 강의할 때는 오전 9시에 수업이 시작되었습니다. 이 시간 수업은 대체로 학생들이 싫어하죠. 대개 저는 학생들보다 먼저 강의실에 가 있습니다. 저보다 먼저 온 학생들이 있긴 했지만 속속 도착하는 학생들과 짧게라도 대화를 나누고 싶었기 때문이죠. 그들과 친해지고 싶어서 전공과 이름을 기억하려 애쓰기도 했습니다.

그런데 어느 학기에는 저보다 늘 먼저 오는 학생이 있었습니다. 늘 책상에 엎드려 자고 있길래 하루는 몇 시에 집을 나섰냐고 물었죠. 학교 인근 카페에서 밤을 새웠다고 대답하더군요. 제가 이유를 물었더니, 집이 멀어서 라틴어 수업 전날에는 학교 인근 카페에서 공부하다가 잠시 눈을 붙이고 수업에 들어온다고 했습니다. 아침도 제대로 못 먹은 채로 말이죠. 그 뒤로 저는 수업 시간에 빵을 사가기 시작했습니다. 그 학생만 줄 수 없어 학생들 모두에게 줄 빵을 샀습니다.

제 강의가 유명해진 건 어쩌면 그 빵 덕분이었을지도 모릅니다. 수강생 수가 240여 명을 넘어서면서부터는 빵을 한 달에 한 번 사 가지고 갔지요. 한 달 강사료가 고스란히 빵값으로 나갔지만 저는 행복했습니다. 별거 아닌 빵 하나에 환한 웃음이 퍼지는 그들의 얼굴이 지금도 생생합니다. 봄날 피어나는 목련보다 더 희고 찬란한 그들의 얼굴에서 저는 큰 위로와 용기를 얻었습니다. 급한 제 성격도 그들 앞에서는 상상할 수 없는 부드러움과 여유를 보였지요.

라틴어 수업과 함께 법학전문대학원에서 '서양법제사' 수업을 할 때였습니다. 그때 학생들에게 강의를 하는 건 정말 좋았지만 시험 답안을 채점하고 성적을 공지하는 건 정말 괴로운 일이었습니다. 학부와 달리 법학전문대학원은 성적을 순위에 따라 부여해야 했는데 그게 쉽지 않았습니다. 하루는 시험과 성적 산정에 대한 이야기를 하면서 학생들에게 질문을 하나 했습니다.

"누구든 실수해서 성적을 잘 못 받을 수 있습니다. 만약 한 친구가 이 서양법제사 과목의 성적이 안 좋아서 어떤 문제나 불이익 같은 어려움을 겪는 일이 생긴다면, 그 학생과 자기 성적을 바꿔줄 친구가 있습니까?"

그런 친구는 어디에도 없을 겁니다. 그런데 수업이 끝난 후 한 학생이 저를 찾아왔습니다. 그러고는 자신이 성적을 바꿔주겠다고 말했죠. 그 학생은 수업 시간에 선생님께 배운 건 모두 자신의 마음과 머릿속에 있으니 학점은 크게 중요하지 않다고 덧붙였습니다. 그 후 그 친구와 저는 친구가 되었습니다. 지금은 변호사가 된 그 친구가 한국에 돌아와 힘들어하던 제게 이런 말을 한 적이 있습니다.

"선생님이 처음 한국에 오셨을 때는 혼자였습니다. 그런데 지금은 혼자가 아닙니다."

저는 그 말에 엄청난 위로를 받았고 힘을 얻었습니다. 저는 가르치면서 동시에 배워갔습니다. 학생들이 저를 가르쳤습니다. 의기소침하고 자신감 없던 시간을 보내던 저를 일으켜 세웠습니다. 살면서 내가 누군가를 도와주고 누군가가 나를 도와줄 때, 그게 선한 마음으로 이어지게 되면 그 순간 이유 같은 건 생각하지 않게 됩니다. 그것이 진짜 아름다운 인간의 모습이죠.

인류학자 마거릿 미드에게 한 학생이 인류 문명의 첫 신호는 무엇이라고 생각하느냐고 질문하자 그는 "부러졌다가 붙은 흔적이 있는 넓적다리뼈"라고 대답했습니다. 그것은 뼈가 부러진 사람이 회복될 때까지 누군가가 곁에서 도와주었다는 흔적이었으며, 어려움을 겪는 누군가를 돕는 것이 바로 문명의 시작이었다는 의미였죠. 저는 줄곧 학생들에게 뭔가 해준 게 없다고 생각해왔는데, 언젠가 어떤 학생이 이렇게 물은 적이 있습니다.

"선생님, 왜 이렇게 저에게 많은 것을 주시나요?"

저는 이렇게 대답했죠.

"원래 그것은 내 게 아니라 너에게 갈 것이 나를 통해 간 것뿐"이라고.

내 것이라고 생각하지만 정작 내 것이 아닌 것이 너무 많습니다. 우리는 모두 세상에 빚을 지고 삽니다. 똑똑한 사람들은 간혹 자신의 성취를 혼자 이룬 일처럼 느끼곤 하지만, 큰 인물일수록 그가 이룬 성공의 바탕에는 수많은 사람들과 교류하며 도움을 받고 도움을 주는 관계가 거미줄처럼 녹아 있다는 걸 압니다. 저 역시 한국을 떠나 공부하며 인종과 국적이 다른 많은 사람들을 만나고, 그들이 베풀어준 고마운 마음씀씀이에 감동하며 한 겹씩 제 안에 있던 자만과 아집을 벗어버리기 시작했습니다.

로타 로마나의 변호사가 된 것만큼 유학이 제게 의미 있는 건, 사람을 편안하게 대하거나 사람과 좋은 관계를 유지하는 일을 이전보다 한결 잘할 수 있게 되었기 때문입니다. 물론 여전히 저는 대인관계에 서툽니다. 타인이 어떻게 저를 생각할까 두려운 마음에 친구를 사귀는 데 어려울 때가 많습니다. 하지만 사람 공부, 마음 공부를 통해 아름다운 인간이 되어 다른 사람들에게 다가가려고 노력합니다. 여전히 사람을 만나면 쉽게 피곤해지고 지치지만, 그럼에도 죽을 때까지 멈추지 않고 해야 할 일은 사람 사이에서 배움을 찾는 것이라고 저는 믿고 있습니다.

제게 인생을 가르쳐준 친구들이 생각납니다. 석사과정 때부터 어울린 이탈리아, 독일, 알제리 친구들과는 가끔 바람 쐴 겸 로마 근교를 스쿠터를 타고 돌아다니는 게 전부였지만 그래도 잊히지 않는 즐거운 기억입니다. 그 친구들과 함께 있을 땐 별거 아닌 일에도 맘껏 웃었던 것 같습니다. 제 인생에서 가장 가난했던 시절이었지만 가장 행복했던 시절이기도 했습니다. 친구들과 함께 스쿠터를 타고 돌아다니다가 모로코인 주인이 하는 피자가게에 들러 먹는 5유로짜리 '참치양파 피자'는 세상에서 가장 맛있는 피자였습니다. 행복한 삶에서 친구라는 존재는 꼭 필요하다는 걸 명심하세요.

여러 명이 돈을 조금씩 모아서 차를 빌려 교외의 산에 갔을 때입니다. 1,500미터쯤 올라가니 평평한 지대가 나왔는데, 그곳엔 작은 야생화들이 들판 가득 피어 있었습니다. 우리는 그곳에서 잠시 쉬었습니다. 그런데 친구들이 한참을 움직일 생각을 안 하기에 제가 더 안 올라갈 거냐고 재촉하듯 물었습니다. 친구들은 이제 더 안 올라가도 된다고 하더군요. 그때 배낭을 베고 누워 하늘을 바라보던 친구가 저에게 물었습니다.

"사무엘, 너 이런 거 해봤냐?"

"아니."

"이런 게 인생이야. 우린 '이런 시간'을 누리려고 사는 거야."

그날 그 친구의 말을 잊을 수가 없습니다. 제가 왜 행복하지 않았는지, 제가 가진 절대적인 시간에 분배된 '이런 시간'의 총량을 생각해보았습니다. 제 삶에는 소소한 즐거움과 기쁨, 마음의 평화를 누리는 '이런 시간'이 거의 없었어요. 공부하기에도 늘 시간이 부족하다고 생각했고, 카푸치노 한 잔을 느긋하게 즐기지도 못했습니다. 그런 시간들이 촘촘히 모여 제 인생을 만들었습니다. 설령 제게 여유가 찾아왔었어도 제 마음이 그걸 온전히 음미하고 즐기지 못했으니, 없는 것이나 마찬가지였을 겁니다.

다시 공부를 시작하는 마음

어느 날 한 제자가 자신이 하고 싶은 일들에 대해 이야기했습니다. 다섯 가지 리스트가 있었는데 저는 잠자코 듣고 있다가 물었습니다.

"그 다섯 가지를 다 이루고 나면 행복할 것 같니?"

유럽인의 생각 중 무시할 수 없는 것 하나가 겉으로 보기에는 대단히 작고 하찮다 싶은 것에 행복의 기준을 둔다는 점이었습니다. 변호사니까 좋은 직업, 좋은 집, 좋은 차가 있어서 행복하지 않을까 추측하는 것이 우리 방식이라면, 그들은 소소하고 평화로운 일상의 한때를 얼마나 자주 가질 수 있느냐로 행복을 정의하는 것 같았습니다. 행복이란 어떤 시기나 어떤 상태를 말한다기보다 그런 일상을 얼마나 즐기고 있는가 하는 것이겠죠. 그런 즐거움이 없거나 혹은 아주 가끔 있을수록 행복하지 않다고 느끼고, 빈번하게 있을수록 행복하다고 말하는 것이 아닐까요?

어느 순간 저도 깨달았습니다. 제 경험상 소망하는 모든 걸 다 이룬다고 한들 행복해지는 건 아니라는 걸 말이죠. 로마에서는 공부에 치여 죽을 만큼 힘들었지만, 함께 공부하는 친구들과 소소한 즐거움이 있었던 한때를 돌아보면 저는 기쁘기만 합니다. 그런 시간들이 있었기 때문에 행복했다는 것을 전 알고 있습니다. 그때 저는 그걸 놓쳤습니다. 소소한 기쁨을 즐겼어야 했는데 그렇지 못했죠. 유럽 친구들은 이런 말을 제게 했습니다.

"네가 하고 싶은 것이 너무 많아 그것만 보고 달리며 포기해야 했던 부분은 이제 와서는 어쩔 수 없어."

저는 그 말에 수긍했습니다. 유학생활 중 학문의 세계를 통해 배운 것도 크지만, 친구들의 이런 모습을 통해 배운 것도 많습니다. 우리는 목표에 집중하고 그걸 빠르게 해내려고 하고 낭비 없이 효율적으로만 살려는 경향이 있는데, 그것에만 집중하다 보면 놓치는 것이 분명 있을 겁니다. 여러분들은 이런 것들을 염두에 두고 공부하는 사람이 되면 좋겠습니다. 저는 그렇게 하지 못했습니다. 스스로를 외롭고 고독한 섬에 가둬놓고 무의식 깊은 곳에서는 '이것만 끝나면, 이 공부만 끝나면 언제든 그 섬을 탈출하여 행복할 수 있을 거야'라고 생각했습니다.

분명한 목표를 갖고 어렵고 지난한 공부를 시작하게 되면 자신을 당분간 섬에 가두는 일은 불가피한 선택일지 모릅니다. 그러나 그 섬을 어떻게 꾸미느냐는 전적으로 자신에게 달렸습니다. 공부의 어려움과 지난함 속에도, 매일 그날이 그날 같은 규칙적인 하루의 루틴 속에도 짧고 소소한 일상의 평화나 즐거움은 찾아옵니다. 그런 것들을 모르고 살지 않길 바랍니다. 아무리 짧은 시간이라도 놓치지 말고 그것이 행복이고 인생이라는 사실을 충분히 느끼며 다시 공부할 힘을 얻길 바랍니다.

저는 어느 곳에도 속하지 않은 사람이고 또다시 언제 어떤 소속을 갖게 될지 알 수 없지만, 언제나 모든 인간을 내려다보시는 하느님 직속의 공부하는 노동자라는 점은 변함이 없을 겁니다. 다만 건강이 자주 말썽을 부려 예전처럼 치열하게 공부하지 못하는 데서 오는 '진보 없는 학문'에 대한 경계와 부끄러움이 있습니다. 하지만 그럼에도 저에 대한 신의 뜻이 있다고 생각하며 묵묵히 저는 저대로 인간의 일을 해나갈 겁니다. 다시 치열하게 공부하는 노동자로 살 수 있도록 얼마간의 건강을 허락해달라고 기도하는 것, 그것이 인간인 제가 할 수 있는 일인 것 같습니다.

앞으로 20년간 무엇을 할까요? 가난했던 소년 시절 제 기도는 '하느님, 제게 세 끼의 정갈한 식사를 주십시오'였습니다. 지금은 여러 면에서 부유한 사람이 됐습니다. 요즘 저는 '그렇게 가난한 사람을 이렇게 부유한 사람으로 만들어주셨으니까 이제 제가 무엇을 해야 할지 가르쳐 주십시오'라고 기도합니다.

앞으로 얼마나 살지 모르지만, 살아 있는 동안 제가 해야 할 일들을 하려 합니다. 모든 인간은 '자기 나름대로 삽니다suo more vívere, 수오 모레 비베레.' 저도 저의 길을 갈 것입니다. 이제까지 해왔던 공부는 긴 인생 속에서 최선을 다한 하나의 매듭이었고, 저의 진짜 공부는 지금부터 시작입니다. 다시, '공부하는 노동자'로 살아갑니다.

Finis unius diei est principium alterius.

피니스 우니우스 디에이 에스트 프린치피움 알테리우스.

하루의 끝은 또 다른 시작이다.

주

1 아우구스티누스, 《요한 서간 강해》, 열 번째 강해 4.

2 아우구스티누스, 같은 책, 여덟 번째 강해 5.

3 황현산, 《밤이 선생이다》, 54쪽.

4 Cf. L. De Mauri, 5000 Proverbi e Motti Latini, Hoepli, 2018, p.702.

5 〈이외수를 만나다〉 《딴지일보》 12호, 1999년 1월 4일.

6 Baldwin, Cradock, Joy, *Analecta Latina Majora; or, Passages selected from the principal Latin Prose writers, with English notes, critical and explanatory, on the plan of Dalzel's Analecta Graeca*, Trinity College 1825, p. 291.

7 IOANNES PAULUS II, Adhortatio Apostolica Christifideles laici, n. 53, AAS 81(1989), p. 498.

8 교회법적 의미로, 어떤 공동체를 위해 직권자의 허가로 지정된 하느님 경배의 장소를 의미한다.

9 아우구스티누스 저, 최익철 역, 《요한 서간 강해》 열 째 강해.

10 한국가톨릭대사전 편찬위원회 편, 《한국가톨릭대사전 10》, 한국교회사연구소 2004년, 7885쪽.

11 Marcus Tullius Cicero, Pro Sestio & in Vatinium(Harvard University Press, 1958). XLVI, 100.

12 Saint Augustine, Soliloquies: Augustine's Inner Dialogue(New City Press, 2000), I, II, 7.

13 Michiel de Vaan, Etymological Dictionary of Latin and the Other Italic Languages(Brill Academic Pub, 2008), p.500.

14 목적문 속에 비교급 또는 비교급의 뜻을 가진 동사가 나올 때에는 'ut' 대신에 보통 'quo'를 쓴다.

15 Cfr. A cura du Renzo Tosi, *Dizionario delle Sentenze Latine e Greche*, BUR Rizzoli 2017, p. 504.

16 아우구스티누스 저, 문시영 역, 《신국론》(제6권 10), 지만지고전천줄, 2008년.

17 한병철 지음, 김태환 옮김,《시간의 향기》, 문학과 지성사, 2013년, 5쪽.

18 아우구스티누스 저, 성염 역,《고백록》, 경세원, 2016년, 68~69쪽.

19 Desiderius Erasmus, Collected Works of Erasmus: Controversies(University of Toronto Press, 1978), pp.661-691.

20 요한네스 힐쉬베르거 저, 강성위 역,《서양철학사(상하)》, 이문출판사, 1983년.

21 1, 2심의 사건 내용들을 보고 원고 측과 피고 측의 증언 내용을 파악해서 어떤 것을 주장하는지를 모두 기술하는 것을 말한다.

22 현존하는 예수 그리스도의 몸과 피를 상징하는 제병과 포도주, 즉 성체(聖體)를 나누어주는 사람을 말한다.

23 성체를 받아 모시는 것. 영성체는 세례를 받은 신자라면 미사 중에 누구나 할 수 있지만, 자기 생활을 성찰한 결과 죄를 지어 영성체하는 게 합당하지 않다고 생각하면 하지 않을 수 있다. 다시 영성체하려면, 참회와 성찰을 한 후 사제 앞에서 고백성사를 해야 한다.

24 한국가톨릭대사전 편찬위원회 편,《한국가톨릭대사전 9》, 한국교회사연구소, 2005년, 6863쪽 참조.

25 Ioannes Paulus PP, II, Evangelium Vitae(Cap. 2, 1995).

De Ratione Studii

한동일의 공부법 수업

초판 1쇄 발행 2023년 8월 15일
초판 2쇄 발행 2023년 10월 12일

지은이 한동일
펴낸이 유정연

이사 김귀분
책임편집 조현주 **기획편집** 신성식 유리슬아 서옥수 황서연 정유진 **디자인** 안수진 기경란
마케팅 반지영 박중혁 하유정 **제작** 임정호 **경영지원** 박소영

펴낸곳 흐름출판(주) **출판등록** 제313-2003-199호(2003년 5월 28일)
주소 서울시 마포구 월드컵북로5길 48-9(서교동)
전화 (02)325-4944 **팩스** (02)325-4945 **이메일** book@hbooks.co.kr
홈페이지 http://www.hbooks.co.kr **블로그** blog.naver.com/nextwave7
출력·인쇄·제본 (주)상지사 **용지** 월드페이퍼(주) **후가공** (주)이지앤비(특허 제10-1081185호)

ISBN 978-89-6596-588-6 03100